스타벅스 경험 마케팅

| 세계 최고 커피 브랜드의 경험 전략 |

스타벅스 경험 마케팅

조셉 미첼리 지음
범어디자인연구소 옮김

 유엑스 리뷰

스타벅스는
고객의 파트너입니다

우리는 쓰레기를 치우는 사람들이다. 우리는 초록색 앞치마를 입고 고객이 매장의 어느 테이블 위에 두고 갔을지도 모르는 책을 찾아준다. 그리고 매일 아침 카운터를 사이에 두고 "늘 주문하던 대로 주세요, 톨 사이즈 모카 두 잔이요. 샷 둘에 우유는 무지방으로요. 바닐라 시럽도 잊지 마시고요"라고 까다롭게 주문하는 손님에게 미소로 대한다. 우리는 스타벅스 파트너다(세상은 우리 같은 사람들을 보통 '종업원'이라고 부른다).

나는 종종 우리 회사와 회사의 문화를 소개할 때마다 우리를 '쓰레기 치우는 사람들'에 비유하곤 한다. 우리는 자연스럽게 몸을 구부려 길거리에 버려진 껌 종이나 음료 캔을 주우면서, 지나가는 사람들에게 "아이들은 요즘 잘 지내죠?"라고 안부를 묻거나 "요즘 날씨는 도통 알 수가 없다니까요"라며 이야기를 나눈다. 인재채용이나 사업성공을 위한 신비로운 마술을 말하는 게 아니다. 그저 우리가 이런 사람들이라는 말이다.

그렇다. 어쩌면 이것이 마술일지도 모르겠다. 비즈니스를 운영한다는 것은 인간 정신을 풍요롭게 하고 싶은 열망이라는 마술적인 요소가 어느 정도 존재한다. 바로 그것이 스타벅스의 진정한 사업 목적이다. 우리는 매일매일 최상의 근무환경을 창조하고 다양성을 존중한다는 기업 이념과 원칙에 따라 살아간다. 물론, 수익이 미래의 성공을 위한 필수요소라는 사실을 인식하는 것도 중요한 원칙 중 하나다. 그러나 수익이 사업 방식의 최우선 순위는 아니다. 오히려 맨 마지막에 자리한다. 이러한 원칙을 따를 때 우리의 삶에 좋은 기운이 깃들기 마련이다.

스타벅스 파트너의 본질을 표현하기 위한 방법의 하나로 〈그린 에이프런 북(Green Apron Book)〉이라는 것이 있다. 스타벅스의 성공에 필요한 '핵심 행동 수칙'을 담은 포켓 사이즈의 책이다. 그 내용은 '환영, 감동, 지식, 배려, 함께'라는 다섯 단어로 요약할 수 있다. 이 간단한 단어들에 스타벅스와 그곳에서 일하는 사람들에 관한 모든 것이 내재되어 있다.

스타벅스의 구성원들은 각자가 수백만 가지의 소소한 방법들로 사람들의 일상에 커다란 변화를 불러일으키는 집단의 일원이다. 고객에게 음료를 건네며 미소를 보내는 순간, 고객의 취향에 맞는 핸드메이드 음료를 제조하는 순간, 일상에서 그리 멀지 않은 곳에서 일상을 벗어나게 해주는 장소와 안락한 의자를 제공하는 순간, 바로 이처럼 작은 순간들이 모여 변화를 일으킬 수 있는 것이다.

나는 해마다 수백 개의 매장을 방문하는 것이 일이다. 우리 매장의 매니저들과 다른 매장의 파트너들을 도와 고객에게 감동을 줄 수 있도록 길잡이가 되는 것이 내 역할이다. 나는 우리 파트너들이 가장 잘할 수 있는 일, 즉 고객과 이웃과 지역사회를 돌보는 일에 열중할 수 있게끔 장애물을 제거하거나 방법을 제시한다. 나는 행운아다.

또한 나는 이야기꾼이기도 하다. 파트너와 고객을 만나고 그들의 이야기를 이끌어내는 일이 즐겁다. 이런 대화는 우리의 현재와 미래의 성공에 대해 공유하는 최선의 방법이다.

나는 그동안 스타벅스 파트너들에 관한 이야기를 꽤 훌륭하게 수집해 왔다고 생각했다. 그런데 미첼리 박사는 그것을 훨씬 더 뛰어넘는 상세한 이야기를 전해 주었다! 파트너 및 고객들과의 관계를 통해, 그는 스타벅스에 대한 단순한 이해의 차원을 넘어서 놀라운 이야기 모음집을 만들어냈다. 이 이야기들은 스타벅스 성공의 뿌리와 미래의 희망을 이해하는 데 많은 도움을 줄 것이다.

비즈니스에 관한 전통적인 안목과 스토리텔링을 기막히게 결합한 미첼리 박사의 성공적인 결과물에 아낌없는 박수를 보낸다. 독자들이 이 책에서 접할 이야기들은 단순하지만 경외감이 들 정도로 강력한 영감을 일깨워준다. 사람들이 옳은 일을 행하고자 하고,

가치 있는 것을 창조하여 제공하고자 하고, 세상에 선행을 베풀고 싶어 한다면, 그리고 누군가 그들에게 그럴 만한 기회와 자원을 줄 수 있다면, 이 세상은 밝은 빛으로 가득할 것이다.

이 책에서 지금까지 세상의 빛을 보지 못했던 모든 이야기들이 펼쳐질 것이다.

짐 앨링
스타벅스 미국사업부 사장

스타벅스 특유의 브랜드 경험과
감성 디자인의 핵심을 담은 책

스타벅스는 UX 디자이너들 사이에서 감성적이고 아날로그적인 경험을 극대화하여 전달하는 브랜드로 알려져 있다. 나는 박사 과정에서 브랜드 경험에 대해 연구하면서부터 스타벅스의 독창적인 경험 전략에 주목해왔다. 많은 기업들이 디지털 기술의 개발에 큰 비중을 둘 때 스타벅스는 인적 자원의 효과적 활용에 집중했다. 다른 카페 브랜드들이 어느 지점에나 똑같은 매장디자인을 고수했을 때 스타벅스는 해당 지점의 지역문화를 고려한 디자인을 선보였고 지역 커뮤니티와 소통하려고 시도했다. 스타벅스는 오프라인 공간을 매개로 고객과 만나는 브랜드이다. 그래서 그들은 방문하는 고객들의 감성을 자극하기 위한 방법으로 인간적인 응대 방법의 매뉴얼화에 주안점을 두었다. 인간은 누구나 타인의 마음을 통해 가장 오래 기억되는 경험을 형성하게 된다. 스타벅스는 바로 그 점에

착안하여 스타벅스 커피에서 연상되는 경험의 실체를 만들어냈다. 어쩌면 효율성보다 인간미를 강조하는 것이 스타벅스 경험이 아닌가 싶다.

사람과 공간, 그리고 시간은 모든 서비스 비즈니스에서 반드시 관리되어야 하는 요소들이고 스타벅스는 체계적인 인적자원의 관리와 리더십이 그 열쇠라고 보았다. 고객들은 스타벅스라는 카페에서 따뜻함과 편안함, 그리고 익숙함을 느낀다. 수많은 스타벅스 매장을 가보아도 언제나 비슷한 느낌을 가지게 된다. 바로 이것이 스타벅스가 세계 최고의 커피 브랜드로 자리잡게 된 이유이다. 스타벅스와 같이 공간 경험을 파는 기업들의 생명은 바로 그 공간을 관리하는 사람들에게 달려있다. 어떤 디지털 기술도 로봇도 대체할 수 없는 인간의 일이다. 지금은 스타벅스에도 점점 디지털 서비스들이 도입되고 있으나 어디까지나 그 본연의 감성적, 아날로그적 경험을 보완하는 데에 그치고 있다. 이 브랜드의 최고 강점은 '사람들'이며 그들이 만들어내는, 디지털의 느낌을 배제한 아날로그적 공간 경험이기 때문이다.

나는 한국과 영국의 우수한 디자인스쿨들과 현업에서 수많은 디자이너들을 보아왔다. 어디에서나 가장 두드러지는 성과를 내었던 이들의 공통점은, 디지털보다는 아날로그의 따뜻함이 느껴지는 디자인, 디지털 기술의 기발함보다는 인간의 마음과 행동을 자연스럽게 움직이는 감성 디자인을 결과물로 내놓았다는 것이다. 이러한 것들에는 유익한 경험을 제공할 수 있는 '이야기'가 있었다. 디자인 학계에서는 그런 것을 창조하는 분야를 "경험 디자인"이라고 부른다. 디자인의 영역이 인간의 심리와 경험으로 확장되며 생긴 분야인데, 경우에 따라 스타벅스와 같이 조직 구성원의 행동패턴과 커뮤니케이션 방식을 정립하는 것도 조직 내외부의 경험을 체계화한다는 점에서 경험 디자인의 영역이 된다. 경험 디자인에는 여러 방법들이 있지만 가장 중요한 것을 꼽으라면 그건 바로 브랜드와 고객 간의 상호작용을 설계하는 일이다. 여기서 고객과의 커뮤니케이션 방법도 정의될 수 있는 것이다. 스타벅스가 경험 마케팅의 일환으로 오랫동안 공들여 온 일이기도 하다.

이 책은 스타벅스가 어떻게 인간 중심의 브랜드 문화를 구축했는지, 그리고 이를 어떻게 마케팅에 활용하여 고객들에게 감동적인 경험을 선사할 수 있었는지를 다룬다. 마케팅과 디자인에 있어 가장 기본적이고 본질적인 방법을 제시함으로써 디자인이나 마케팅 전문가가 아니더라도, 특별한 기술 없이도 누구나 자신만의 브랜드 경험을 창조해낼 수 있도록 영감을 주는 아이디어가 가득하다. 저자는 스타벅스의 임원들을 비롯해 수많은 관계자과의 인터뷰와 풍부한 조사를 바탕으로 고객에게 직관적인 경험을 전달하며 감동을 주는 스타벅스만의 원칙들을 정립했다. 이는 가히 모든 비즈니스에 적용될 수 있는 것들로, 스타벅스가 단순한 카페가 아닌 세계인의 브랜드가 된 원동력이자 경험 마케팅의 정수라 할 수 있다.

고객 경험은 디자이너나 엔지니어의 기술이 아니라 비즈니스를 운영하는 여러분의 마음속에서 만들어지기 시작하는 것이다. 고객 및 내부 구성원과 어떻게 상호작용할지, 어떤 가치를 전달할지를 고민하다보면 좋은 방안이 떠오르게 될 것이다. 이 글을 쓰고 있는 지금도 나는 어느 스타벅스의 구석에 앉아있다. 사람들은 여기서 대화를 나누거나 노트북을 보며 공부나 업무를 하고 있다. 많은 사람이 사무실이나 집에서 해야 할 법한 일들을 이 공간에서 하고 있다. 이는 스타벅스만의 경험이 자연스러운 편안함을 주기 때문일 것이다. 이는 결국 스타벅스 사람들이 만들어낸 것이다. 나 역시 초록색 앞치마를 입은 직원으로부터 새로운 메뉴에 대한 설명을 들었고 매장에서 끊임없이 고객의 닉네임을 부르는 그의 목소리를 듣고 있다. 스타벅스 마니아에겐 평범한 일상이 된 모든 것들이 어떻게 탄생하게 되었으며, 어떻게 세계의 카페 문화를 혁신적으로 바꾸었는지에 대한 비결이 이 책 속에 있다. 특히 오프라인 매장을 운영하는 많은 자영업자들, 그리고 고객 경험을 형성하는 원초적이고 근본적인 철학을 탐구하고자 하는 독자들에게 여러 가지 배울 점을 전하는 책이라고 생각한다.

현호영

UX 디자인학자

제1장
자신의 것으로 만들라

제 2 장
모든 것이 중요하다

제 3 장

놀래고 기쁘게 하라

제 4 장

저항을 포용하라

제 5 장
기업의 자취를 남겨라

특별한 브랜드 경험을
만들기 위한 길

비즈니스를 비범하게 만들기

작고 초라한 가게에서 출발하여 이제는 커피의 대명사가 된 스타벅스. 오늘날 가장 성공한 기업 중 하나인 스타벅스의 초기 역사는 이미 언론에 많이 알려져 있다. 그러나 스타벅스가 어떻게 커피 산업에 일대 혁명을 일으켰는지 제대로 언급된 경우는 거의 없다. 스타벅스에 관한 책이 있다 해도, 대부분은 상투적인 경영 법칙의 재탕 정도이다.

이 책은 평범한, 어쩌면 진부하기까지 한 제품을 취급하고 그것을 비범한 성공으로 바꾼 기업의 내부에서 일어난 일들을 상세히 밝힌다. 스타벅스 내부에서 일어난 일들을 통해 성공적인 기업의 토대가 된 다섯 가지 핵심 원칙을 밝혀낸다. 이 다섯 가지 원칙은 다음에 이어지는 각 장에서 상세히 설명할 것이다. 이는 당신의 비즈니스를 강화하고 확장하는 데 꼭 필요한 진정한 교훈이 될 것이다. 이 책이 설명하는 개념들을 열정을 가지고 지속적으로 활용한다면, 스타벅스를 세계적인 기업으로 발돋움할 수 있게 한 여러 기회의 요소들을 이해할 수 있을 것이다. 그러나 스타벅스가 '어떻게' 성공했는지를 알아보기 전에 스타벅스가 진정 성취해낸 것이 '무엇'인지를 우선 살펴보기로 하자.

시애틀에서 포틀랜드까지, 그리고 세계로

1971년 미국 워싱턴 주 시애틀에 '스타벅스 커피, 티 & 스파이스' 매장이 비즈니스의 첫발을 내디뎠다. 첫 스타벅스 매장이 문을 열기 전, 사람들은 거리 구석의 커피전문점에 들러 50센트에 무료 리필까지 가능한 커피를 즐겼다. 편의점에 들러 흰색 종이컵 안에 새까맣고 탁한 음료를 직접 타 마셔야 비로소 완벽한 아침이 시작된다고 믿는 사람들도 있었다. 쓴 맛을 죽이기 위해 설탕과 프림을 섞어 넣고 빨대 겸용의 플라스틱 스틱으로 저어 마셨다. 그리고 그야말로 최소한의 임금만 받고 딱 그만큼만 일하는 냉담한 점원에게 잔돈을 건넸다. 늘 똑같고 아무런 감흥도 없는 소비자로서의 의식이자 거래였다.

이토록 단조롭고 무성의한 거래를 반복하면서도, 우리 대부분은 커피를 즐기는 다른 방법을 상상조차 하지 못 했다. 그저 냉동 건조된 커피나 새까맣게 탄 커피, 혹은 집에서 아무렇게나 끓인 커피를 마시며 하루하루를 보낼 뿐이었다. 그러나 하워드 슐츠, 스타벅스의 전 CEO이자 현 회장인 그는 이런 일상에 파문과도 같은 질문을 던졌다. "스타벅스의 품질 좋은 원두커피가 유럽풍 커피하우스의 매력과 로맨스에 녹아든다면 어떨까?" 그는 이 질문에 스스로 답했다. 그렇게만 된다면, 스타벅스가 전통적인 미국의 커피 문화를 평범함에서 비범함으로 변화시킬 수 있으리라. 물론 하워드 슐츠 자신도 이 비전에 얼마나 커다란 가능성이 숨어 있는지는 확신하지 못했다. 1980년 스타벅스 주주총회에서 하워드는 "처음 우리의 소원은 오레곤 주의 포틀랜드에 매장을 여는 것이었습니다"라고 고백했다. 전 세계 1만 1천 개가 넘는 매장을 운영하는 현재, 스타벅스는 처음의 목표 지점을 지나 한참 먼 길까지 내달려 왔다.

사실 모든 점을 따져보아도 하워드의 야심은 무모하기 짝이 없어 보였다. 커피에 대한 사람들의 인식을 어떻게 바꾸겠는가? 어쨌거나 커피는 수세기에 걸쳐 인류와 함께 했고, 고객의 선호도에 대대적인 변화를 이끌어낼 만한 요소는 거의 없다고 봐도 무방할 정도였다.

커피는 '평범하다'고 굳게 믿는 사람에게 일상적인 습관을 버리고 평소보다 6~8배나 더 비싼 값에 커피 블렌드를 즐기게 할 방법은 없을까? 커피 잔을 손에 들고 우유와 휘발유, 신문을 사는 사람이 과연 유럽풍의 커피하우스 문화를 만끽하는 데 기꺼이 시간을 할애할까?

초기에는 슐츠의 비전이 일시적인 술책에 불과하며, 금방 실패하고 말 거라는 비평을 받았다. 사람들은 이에 대한 논쟁이 무엇을 의미하는지 감조차 잡을 수 없었다. 〈포춘〉지의 코라 대니얼스는 사설에서 "스타벅스 이야기는 어느 면으로 보나 허황된 상상의 전형이었다"고 언급했다.

"상장되었을 당시 (…) 회사는 시애틀과 그에 이웃한 주에 165개 매장을 갖추고 있었을 뿐이다. (…) 회의론자들은, 3달러짜리 커피라는 아이디어는 서부해안 여피족들의 일시적인 유행에 불과하다고 일축했다."

하워드 슐츠의 무모한 여피족 유행이 실제로 먹혔을까? 세상은 편안한 환경과 맛있는 커피 제공이라는 콘셉트를 받아 들였고, 확실히 그는 승승장구할 수 있었다. 오늘날 스타벅스는 40개가 넘는 나라에 매장을 두고 있고, 평균 3천 5백만 명이 넘는 고객이 매주 스타벅스 매장을 방문한다. 충성고객의 경우 한 달에 18회 이상 스타벅스 커피를 즐기기도 한다. 스타벅스는 곰같이 무뚝뚝한, 이른바 산업분석가들의 예상을 뒤엎고 단독으로 막대한 성공을 거두었다.

스타벅스의 성공을 알려주는 정확한 척도를 살펴보자. 1992년 나스닥의 스타벅스 주식에 1만 달러를 투자한 사람은 오늘날 65만 달러 상당의 주식 소유주가 되어 있을 것이다. 스타벅스는 S&P 주식 평균 성장률보다 빠르게 그리고 안정적으로 성장을 지속하고 있다. 이익률로 따져보자. 1992년 이후 S&P지수는 200퍼센트, 다우

지수는 230퍼센트, 나스닥은 280퍼센트 성장을 기록했다. 그런데 스타벅스는 어떨까? 자그마치 5천 퍼센트다! 그동안 스타벅스는 공격적으로 매장을 확장하면서도 품질을 유지했다. 현재 스타벅스는 1년 365일 동안 매일 5개의 새로운 매장을 오픈한다.

스타벅스는 월스트리트의 신데렐라 이야기를 훌쩍 뛰어넘는 기업이다. 스타벅스의 문화와 브랜드, 제품의 우수성은 그 명성을 더욱 빛내며 지금도 성장하고 있다. 〈포춘〉지는 미국의 '가장 존경받는 기업' 중 하나로 스타벅스를 빼놓지 않는다. 〈비즈니스 위크〉지도 세계 최고의 브랜드로 스타벅스를 꼽았고, 〈비즈니스 에틱스〉지 역시 매년 '사회적 책임을 다하는 기업' 목록에 스타벅스를 올린다.

처음엔 단 한 개의 매장에서 출발한 스타벅스 브랜드. 이제는 '커피'의 대명사가 되었다고 해도 사실상 아무런 문제가 없을 정도로 명실상부한 이름으로 떠올랐다. 스타벅스는 '바리스타, 차이(chai), 벤티(venti: 그란데보다 한 단계 더 큰 사이즈-옮긴이), 프라푸치노' 등의 용어를 사람들의 일상에 소개했다. 스타벅스는 커피뿐만 아니라 우리의 삶까지 변화시켰다. 우리의 이웃과 지역사회에 미친 중대한 영향력을 보면 알 수 있다. 순전히 체인점 개수로만 따져보아도, 분명 당신의 집이나 회사에서 반경 1킬로미터 이내에 스타벅스 매장이 있을 것이다. 당신은 그곳을 '내 스타벅스'라고 부를 것이다. 스타벅스 충성고객인 티파니 톨 멘은 이렇게 말한다. "전 우리 동네에 있는 스타벅스의 위치를 모두 알고 있어요. 실제로 친구들에게 길을 알려줄 때도 스타벅스를 랜드 마크로 삼아요." 스타벅스는 비즈니스의 판도를 바꾸었을 뿐 아니라, 미국문화를 변화시키고 세계문화에 영향을 끼쳤다.

왜 이 책을 읽어야 하는가?

스타벅스의 시작은 미미했으나 하워드 슐츠의 비전에 따라 '창대한' 성공 스토리를 일구었다. 그러나 성공적인 비즈니스를 일군 대다수의 기업들이 마찬가지 아닌가? 완벽한 실행을 동반한 비전과 계획은 위대한 기업들의 특징이다. 그렇지만 지금 우리는 대다수의 기업을 논하고 있는 게 아니다. 스타벅스는 진정 미국의 이례적인 성공신화 중 하나이다. 물론 뒤를 바짝 쫓는 경쟁자조차 허용하지 않으며 시장을 지배하는 기업이 되었다. 이 놀라운 성장엔진을 움직이게 하는 동력은 도대체 무엇일까?

비즈니스계에는 수많은 기업이 있지만, 나는 오래 전부터 스타벅스에 유독 매료되었다. 몇 번이고 스스로에게 물었다. 이 기업을 이토록 위대하게 만드는 것은 무엇일까? 다른 비즈니스 분야의 경영진이나 관리자들이 배울만 한 점은 무엇일까? 말 그대로 길 하나를 사이에 둔 채 마주보고 있는 두 개의 스타벅스 매장을 어떻게 모두 성공적으로 운영할 수 있었을까?

미국의 또 하나의 위대한 성공 스토리인 맥도널드와는 대조적으로, 스타벅스는 프랜차이즈 사업이 아니다. 그렇다면 스타벅스가 시애틀에서 싱가포르에 이르기까지 쉬지 않고 수많은 매장을 오픈하면서도 제 살 깎아 먹기 경쟁이 일어나지 않은 이유는 무엇일까? 시애틀의 파이크 플레이스 시장에서 열었던 첫 매장의 따스함과 일관성을 유지하는 동시에 끊임없이 성장과 혁신을 하는 비결은 무엇일까? 그리고 무엇보다 다른 비즈니스와 산업에 적용할 만한 스타벅스에서 얻을 수 있는 교훈은 무엇일까?

나는 책을 집필할 때 스타벅스의 고위층에게 협조를 구했다. 그들은 내가 조직 내부를 깊숙이 들여다볼 수 있도록 편안하게 협조해 주었고, 나는 그런 그들에게 놀랐다. 처음에는 그들이 보여준 기품과 솔직함, 자유재량에 놀랐다. 그러나 나중에는 나를 기꺼이 받아들인 그들의 태도야말로 스타벅스 성공모델의 핵심에 가깝다는 사실을 깨닫게 되었다.

스타벅스의 짐 앨링 미국사업부 사장은 서두에 있는 추천의 글에서 스타벅스가 이루어낸 업적들은 마술이 아니라고 밝혔다. 오늘의 스타벅스는 제품과 사람, 경험, 지역사회에 대한 강한 열정이 모여 이끌어낸 결과물이다. 이 열정은 매일 온 세상 구석구석에서, 신조에 입각한 행위를 통해서 사람들의 삶으로 흘러간다. 바로 이것이 회사가 말하는 '스타벅스 경험(Starbucks Experience)'이다.

스타벅스 경험은 이 기업에서 두 가지의 아주 뚜렷한 단계로 나타난다.

1. 독특한 기업문화

비즈니스 리더들이 직원을 위한 독특한 문화를 창조한다. 이 과정을 통하여 권한위임, 기업가 정신, 품질, 서비스가 회사의 가치를 설명하게 된다.

2. 파트너들에게 전수되는 가치

파트너들이 돌아가며 고객을 위한 독특하고 개인적인 경험을 창조하는 데 일조한다. 일련의 원칙을 이해하고 스타벅스 경영진과 파트너들이 회사를 어떻게 성장시켰는지 알면, 평범함을 비범함으로 변화시키는 강력한 청사진이 보인다.

수익을 나누어라: 우선 직원들을 위한 경험부터 만들어라

기업문화상 수상에 빛나는 스타벅스의 문화는 대부분 하워드 슐츠를 비롯한 경영진의 행동력과 의사결정이 빚어낸 산물이다. 일군의 칠면조 떼가 이끄는 조직이 독수리처럼 날아오르기란 아주 어려운 법이다. 그래서 스타벅스의 경영진은 직원들이 높이 비상할 수 있는 문화를 창조하는 데 역점을 둔다.

사무엘 그린가드는 잡지 〈직원 경영(Workforce Management)〉의 기사에서 다음과 같이 언급했다.

스타벅스는 1992년 6월에 나스닥에 상장했다. 상장 첫날의 스

타벅스 주식거래는 시초가 17달러에서 종가 21.5달러인 오름세로 마감되었다. CEO의 순자산이 치솟은 것은 물론이고, 커피 소매업도 마침내 산업경쟁의 제1선에 등극하게 된 사건이었다. 그러나 슐츠 회장은 자기 돈을 챙기는 대신 주식의 일부를 직원들에게 스톡옵션의 형태로 돌려주기로 결정했다. (…) 다른 회사들은 핵심 경영진에게만 옵션을 제공하지만, 슐츠는 주당 20시간 이상 일하는 모든 사람들에게 혜택을 주었다. 매장의 카운터 뒤에 서서 일하는 직원들까지도 포함시켰다.

하워드 슐츠와 스타벅스 경영진이 이렇게 파격적인 방식을 택한 이유는 무엇일까? 조프 커비슨은 온라인 잡지 〈브랜드채널닷컴(Brandchannel.com)〉에 기고한 글에 하워드의 말을 인용했다. "우리는 회사 안의 모든 이들과 함께 성공을 일구며, 결코 우리 사람을 버리는 법이 없다. 이러한 방식이야말로 비즈니스를 올바르게 구축하는 훌륭한 예다." 스타벅스 식으로 보자면, 비즈니스를 운영하는 '올바른 방식'이란 곧 직원을 파트너로 본다는 의미다. 즉 직원이 회사의 성과에 따라 주식을 소유한 주주가 되는 것이다.

회사가 파산하여 직원에게 줄 연금조차 없을 때도 대부분의 CEO는 수백만 달러를 챙기고 회사를 떠나는 게 현실이다. 그런 가운데 스타벅스 경영진의 철학은 참으로 신선하다. 그들은 자기 사람들을 존중하고 수익도 기꺼이 나눈다. 이러한 나눔의 철학을 통해, 파트너들은 자신의 수고와 회사의 성공 사이의 직접적인 관계를 정확히 이해한다.

파트너 개개인과 대화를 나누어보면 수익분배의 중요성을 더욱 잘 알 수 있다. 케냐에서 미국으로 이주한 스타벅스 파트너, 오몰로 가야의 이야기를 들어보자. 그는 시애틀에 있는 스타벅스 지원센터의 커피-테이스팅 룸에서 근무하며 스톡옵션을 받았다. "6년 뒤에 스톡옵션을 현금으로 바꿨어요. 2만 5천 달러의 수익이 생겼고, 그걸로 홀로 계신 어머니께 방 네 개짜리 집을 지어드렸죠. 여긴 내 회사예요. 내가 주인이죠. 그러니까 내가 훌륭한 대우를 받은 만큼 여기를 훌륭하게 만들어야겠다는 책임감을 느낀답니다." 스타벅스의 성공은 오몰로에게도 행운이었다.

마찬가지로 오몰로의 열정과 책임감 또한 비즈니스에 이윤을 안겨준다. 대부분의 매니저와 비즈니스 리더들은 직원들에게 이윤의 중요성을 강조하지 않는다. 마치 '이윤'이란 단어 자체가 더럽다는 듯이, 직원들의 관심사가 아닌 것처럼 여긴다. 이와는 반대로, 스타벅스의 경영진은 이례적인 두 가지 작업을 수행했다. 즉 파트너의 재정적 수입과 스타벅스의 수익을 연계시키고, 이윤은 비즈니스의 원동력이라는 사실을 파트너들에게 설명한 것이다. 스타벅스의 사명 선언서도 파트너가 "수익성은 우리 미래의 성공에 필수적이란 것을 인식해야 한다"고 분명히 밝히고 있다. 이윤의 증가는 스타벅스 시장의 폭을 넓힐 뿐만 아니라, 사회에 미치는 긍정적인 영향력의 범위를 넓히고 파트너에게 제공하는 복지혜택의 질을 높이기도 한다. 스타벅스에서는 매주 20시간씩 일을 하는 직원에게도 의료보험 혜택을 준다. 다른 회사들이 복지혜택들의 도입은 커녕 고려하는 수준에 이르기 훨씬 전부터 스타벅스 파트너들은 이러한 혜택을 누렸다.

스톡옵션과 의료보험은 스타벅스 파트너들이 받는 대우의 일부에 불과하다. 예를 들어 파트너는 제품 지식, 성공지침 안내, 권한 위임, 친절한 고객경험 창조의 중요성 등에 관한 집중교육을 받는다. 이는 〈포춘〉이 선정한 500대 기업들과 가장 극적인 대조를 이루는 특징으로, 스타벅스는 언제나 광고비보다 교육훈련비의 지출이 더 많다.

교육비 지출은 결국 스타벅스에 엄청난 이윤으로 되돌아왔다. 직원은 회사를 떠나지 않고, 현 고객과의 관계를 꾸준히 유지시키면서 새로운 고객을 매장으로 이끌기도 하였다. 스타벅스 직원의 장기근속자 비율은 퀵서비스 레스토랑 부문에서 선례가 없을 정도로 높다. 스타벅스의 이직률이 업계 평균보다 120퍼센트나 낮다는 보고도 있다. 메리안 해머스는 〈직원 경영〉 지에서 "휴이트 어소시츠(Hewitt Associates)에서 조사한 스타벅스 파트너 조사 보고서에 따르면, 스타벅스 직원의 직무만족도는 82퍼센트에 이른다"고 언급했다. "이는 전체 응답자의 만족도가 50퍼센트이며, 휴이트 선정 '최고의 직장'에 근무하는 직원은 74퍼센트라는 점과 비교된다."

모든 경영진이 직원들에게 스톡옵션이나 의료보험 혜택 같은 보상을 줄 수 있는 건 아니지만, 모든 비즈니스 리더들은 직원 개개인을 항상 보호하고 배려하여 열정과 창의력을 불러일으켜줄 수 있다.

사명 선언서를 보면, 스타벅스 경영진은 "훌륭한 근무환경을 제공하고 서로를 존중하며 존엄성으로 대한다"라고 스스로 선언하고 있다. 회사의 사명과 같이 스타벅스의 경영진은 리더들이 실제로 회사의 살아 있는 가치임을 공고히 하기 위해 내부적인 규율을 만들었다. 모든 파트너들은 정책이나 절차, 경영진의 행동이 스타벅스의 약속에서 벗어난다고 느낄 때 사명실천위원회에 문제점을 제기할 수 있다.

일례로 입양부모에 대한 유급휴가 인정 문제가 제기된 적이 있다. 사명실천위원회가 3주 동안 이 문제를 논의한 끝에, 스타벅스 경영진은 이들에게 2주간의 유급휴가를 주기로 결정했다. 자신의 직원들이 고객의 기대를 충족시키고 넘어서길 원한다면, 경영진도 마찬가지로 직원의 편에 서서 그들의 관심사에 적극적으로 응답해주고, 그들의 기대를 넘어서야만 한다.

스타벅스의 COO(최고운영책임자)인 마틴 콜스는 다음과 같이 설명했다. "파트너와 스타벅스 사이에는 문화적인 연대감이 존재해야합니다. 저는 회사 안에서 우리가 리더로서 솔선수범하여 회사의 원칙과 가치를 실천하는 것이 중요하다고 생각합니다. 우리 자신이 진심으로 받아들이지 못하면서 다른 사람들에게는 그렇게 행동하라고 요구할 수는 없는 법이니까요. 사명 선언서와 원칙, 행동양식 등은 프로그램처럼 일괄적으로 설계되는 게 아닙니다. 우리가 삶을 영위하는 방식 그 자체인 것입니다. 숨기거나 속이기 어렵죠. 그런 점에서, 궁극적으로 조직은 자가 선택을 통하여 마음이 맞는 파트너로 이루어진 하나의 그룹으로 나아갈 것입니다."

계속하여 마틴은 긍정적이고 팀-지향적인 직원, 즉 '마음 맞는 파트너'라는 비전은 우연히 생겨나는 게 아니라고 이야기했다. "우리는 파트너들에게 많은 시간을 할애합니다. 비단 채용과정에만 국한된 것이 아니지요. 파트너 개개인, 그리고 전체로서의 회사가 의미하는 바가 무엇인지, 우리가 만들고자 하는 차별성은 무엇인지를 이해하도록 돕기 위해 엄청난 시간을 씁니다." 스타벅스 경영진이 파트너에게 감동적인 경험을 제공하는 건 의도적인 계획에 의한 것이다. 파트너들은 자기가 받은 존중과 존엄성을 고객에게도 전달한다.

스타벅스 파트너인 조이 윌슨은 이러한 방식이 제몫을 톡톡히 해내고 있다고 말한다. "스타벅스 직원들이 항상 유쾌하고 도움 주길 좋아하는 이유 중 하나는 스타벅스가 일하기에 더없이 좋은 직장이기 때문이에요. 회사가 직원에게 신경을 쓰고 존중해주거든요. 이런 마음가짐이 경영진부터 전 세계 수천 바리스타까지 물 흐르듯 전해져요. 전에는 진짜 끔찍한 직장에 다녔어요. 회사를 싫어하면 일을 잘하기도 힘들죠. 여기선 일하는 동안 행복하게 즐거운 시간을 보낼 수 있어요. 덕분에 고객도 다른 곳과 엄청나게 다른 분위기를 감지하게 되죠."

아이디어 샌드박스의 폴 윌리엄스는 한때 스타벅스의 파트너였고 지금은 스타벅스 컨설턴트로 활동 중이다. 그도 "스타벅스는 인간적인 회사"라고 전한다. "그곳은 달라요. 사명 선언서와 그 취지, 그건 종이에 적힌 것 이상의 의미가 있습니다. 정말로 일을 하는 방식, 성과를 내는 방식 그 자체를 뜻합니다. 스타벅스의 가장 큰 줄기는 커피 못지않게 사람도 중요하다는 것이지요."

경영진이 직원을 존중으로 대하는 모습은 직원이 서로를 존중하고 감동적인 경험을 제공하는 모습으로 이어진다. 브랜드 오톱시 마케팅(Brand Autopsy Marketing)의 창립자이자 전 스타벅스 파트너였던 존 무어도 이렇게 말한다. "매장에서 일할 땐 모두 한 가족 같았습니다. 정말 특별한 경험이었지요. 경영진이 우리에게 준 것을, 우리는 서로에게 주었어요." 직원을 존중으로 대하는 리더가 있으면 그 직원들도 동료에게 똑같이 대한다는 본보기가 된다.

고객들을 위한 스타벅스 경험 만들기

스타벅스는 "세계 최고의 커피 전문 브랜드, 로스터, 소매기업"이라는 자부심이 있다. 또한 '스타벅스 경험'이라는 것 때문에 사람들이 매장에 몰려든다는 사실도 잘 알고 있다. 본래 사람들은 자신의 가치를 높이고 의미 있는 인간관계를 맺을 수 있는 편안한 자리를 찾기 마련이다. 스타벅스가 하는 모든 일은 고객이 품질 좋은 음료나 식품을 사면서 긍정적이고 기분 좋은 경험을 할 수 있도록 돕는다.

그러기 위해서는 우선 매장 분위기가 고객을 끌 수 있어야 한다. 혼자 시간을 때우거나 친구와 함께 오거나 언제든 편안함을 느낄 수 있는 공간이어야 한다. 사람들이 삶을 영위하며 가장 많은 시간을 보내는 두 공간 즉 집과 회사(학교)에서 벗어난 공간이어야 하며, 독특하고 따뜻한 분위기를 내뿜어야 한다. 이러한 환경을 스타벅스 파트너들은 '제3의 공간'이라고 부른다.

고객은 자기 입맛에 꼭 맞도록 주문을 하고, 바리스타(바텐더를 뜻하는 이탈리아어, 스타벅스에서는 커피를 만들어 제공하는 사람을 의미한다)가 직접 제조한 음료를 즐길 수 있어야 한다. 즉 특정 온도, 두유, 다양한 향의 시럽 등으로 고객 개개인의 독특한 취향을 만족시킨다는 의미다. 이제는 복잡하고 까다로운 '맞춤 주문'을 하는 모습도 일상이 되었다. "리스트레토 라떼, 샷 네 개로요. 바닐라 시럽 두 번, 무설탕 헤이즐넛 시럽 1과 4분의1, 두유 4분의1, 무지방 우유 2분의1, 유기농 우유 4분의1 넣어주시고요. 얼음조각은 세 개, 휘핑크림도 얹어주세요. 참, 뜨거운 물도 주세요." 이런 식이다. 이렇게 복잡한 주문 덕분에 고객은 '나한테 꼭 맞는' 스타벅스 경험을 하게 된다.

겉으로 보기에는 스타벅스의 충성고객이 세심한 서비스를 받으며 감정적으로 결속력이 강해지는 것 같지만, 사실 이 결속력의 일등공신은 고객과 직접 대면하는 스타벅스 파트너들이다. 하워드 슐츠가 〈브랜드채널닷컴〉에서 밝혔듯이 말이다.

스타벅스의 성공은 (…) 우리가 고객들과 감정적인 연결고리를 구축했다는 증거다. (…) 우리는 매일 고객들과 직접 만나고 소통하면서 기존 브랜드를 뛰어넘는 경쟁력을 갖추었다. 우리 제품은 캔에 든 사이다처럼 슈퍼마켓 선반 위에 놓이지 않는다. 우리 파트너들은 고객의 음료와 이름, 그리고 자녀들 이름까지 기억하는 탁월한 능력을 발휘한다.

스타벅스의 고위간부와 매니저들도 고객과의 개인적인 유대감의 중요성을 공감하고 있다. 경영진은 파트너를 도와 고객의 일상에 긍정적인 영향을 줄 수 있도록 상당한 시간을 쏟는다. 이 과정을 통해 브랜드가 형성된다.

직원들이 자신의 노력으로 인해 비즈니스의 도화선에 얼마나 화려한 불꽃이 이는지, 사람들의 삶이 얼마나 유쾌해지고 크게 변화하는지를 이해하면 어떨까? 당연히 고객에게 인정받기 위해 창조적이고 열정적인 에너지를 발산할 것이다. 《보랏빛 소가 온다》의 저자 세스 고딘은 스타벅스 직원과 유사 소매점의 직원을 관찰하여 그 차이점을 비교했다. 그가 스타벅스 매장을 향해 가는 도중에 근처의 패스트푸드 매장에서 일하는 두 명의 젊은이가 자기들

일에 대해 불평을 늘어놓는 것을 엿듣게 됐다. 이와 반대로 스타벅스에 들어가는 순간, 그는 "한쪽 구석에 걸린 게시판을 보았다. 그건 고객이 보라고 있는 게 아닌 듯했다. 그 게시판에는 직원들 사진이 빼곡하게 붙어 있었다. 놀이공원에 소풍을 가서 즐겁게 노는 모습들이었다. (…) 만약 허브티를 열정적으로 만들 수 있다면 그들이 바로 그렇게 하고 있었다. 4달러짜리 거래를 기쁨과 환희로 채울 수 있다면, 그들이 바로 그렇게 하고 있었다."

세스는 스타벅스의 파트너들이 얼마나 진심을 다해 온전히 "매장을 자기 것으로 만들어 가는지" 설명한다. 그들은 자기 일에서 기쁨을 발견하고 있다. "그것은 스타벅스에만 도움이 되는 게 아니라, 그들 자신에게도 좋은 일이었다. 창문 밖을 슬쩍 내다보기만 해도 확연한 차이를 느낄 수 있다. 여기에 큰 교훈이 있다. 상호 작용을 판매하는 마케터뿐만 아니라 (…) 직원들에게도 커다란 깨달음을 줄 수 있는 교훈이다." 이 큰 교훈이 바로 '스타벅스경험'이다. 좋은 것을 모든 직원, 그리고 모든 고객과 공유한다는 약속 말이다. 스타벅스 경험은 경영진과 직원이 이 약속을 지키도록 하는 시스템을 만들고, 열심히 일한 사람의 노고를 보상해주며, 이익실현을 위해 함께 노력함으로써 이루어진다. 스타벅스의 경영진은 최적의 고객 경험이라는 비전을 세우고 파트너들이 지속적으로 이 비전을 인식하도록 돕는다. 그리고 그들은 스타벅스 사람들이 비즈니스를 성장시키고, 그에 따라 회사의 수익도 성장하는 것을 지켜본다.

성공해도 방심하지 않아야 한다

회사가 승승장구하고 있더라도 스타벅스 경영진은 그들의 현재와 미래가 안전하지만은 않다는 사실을 잘 알고 있다. 가령 스타벅스의 규모가 커지면 커질수록 특유의 '스타벅스 경험'을 유지하기가 어려워질 수 있다. 하워드 슐츠의 말을 빌리면, 한마디로 스타벅스는 "크게 성장하면서도 초심을 잃지 않기" 위해 부단히 노력해야 한다. 결국 스타벅스의 미래는 매일같이 회사와 긍정적인 영향을 수도 없이 주고받는 파트너들에게 달려 있다.

중서부 개발부 이사인 앤 어윙은 이렇게 단언한다. "커피는 경이로운 작물이에요. 고객과의 대화를 시작하게 하는 수단이니까요. 고객과 우리 사이를 잇는 다리와도 같죠. 커피는 고유한 인생과 풍부한 역사를 지니고 있고, 우리는 그것을 고객에게 전달합니다. 하지만 최종적으로 우리 매장이 풍기는 특별한 분위기가 성공으로 이끄는 것이지요. 우리가 주의를 기울여야 할 것들은 너무도 많아요. 디자인은 물론이고, 초록 앞치마를 입었을 때 파트너들이 어떻게 느끼는지, 파트너들이 일하고 싶어 하고 고객이 방문하고 싶은 특별한 공간을 만들고 있는지도 항상 신경써야 하죠."

스타벅스 경영진의 도전거리는 바로 '특별한' 고객 상호작용의 창조다. 스타벅스의 직원 수는 1987년 100명에서 2006년 10만 명으로 폭발적으로 증가했다. 회사가 이토록 빠르게 공격적으로 성장을 하는 가운데 경영진은 인재를 끌어들여 스타벅스 방식으로 교육시키는 과제에 부딪쳤다. 그것도 파트너들이 고객과 탁월한 관계를 맺는다는 스타벅스 고유의 문화를 그대로 유지하면서 말이다. 목적지를 향해 분주히 달려가는 와중에 저글링 묘기를 선보이는 것이나 다름없는 상황이었다. 툭하면 공을 하나씩 놓치기 마련이었다. 그러나 그것도 스타벅스처럼 거대한 성장엔진을 가동시키는 데 필요한 대가다. 자기만족이라는 덫에 빠지지 않은 비즈니스 리더는 회사를 정상의 자리에서 단단히 지킬 수 있다. 스타벅스의 독특한 문화, 친근감 있는 브랜드, 고유한 고객 문화가 사람들을 매장으로 계속 불러들일 것이다.

문화&리더십 개발부의 수석부사장인 데이브 올슨은 이 점에 관해 단언한다. "스타벅스가 내놓은 커피가 수백만 잔이건 수백억 잔이건 아무튼 얼마나 많은지는 중요하지 않습니다. 내가 마신 커피가 맘에 들지 않는다면 그걸로 그만이죠. 스타벅스는 일관성 있게 개개인의 입맛에 맞는 커피를 제공할 수 있어야 합니다. 말 그대로 약속이죠. 우리는 언제나 고객 한 명 한 명에게 꼭 맞는 단 한 잔의 음료를 건넬 것이며, 그 과정에서 '스타벅스 경험'을 창조할 것입니다! 물론 고객에게 안성맞춤인 경험 말이에요."

이러한 약속의 진실성에 의구심을 갖게 하는 기업들을 여럿 보았을 것이다. 그러나 스타벅스에서는 고객이 모든 차원의 서비스를 받을 수 있다는 점을 확인시켜주는 구체적인 실례가 수도 없이 존재한다. 파트너들이 고객의 요구를 만족시킬 새로운 방법을 끊임없이 모색하기 때문이다.

캐나다 온타리오 주의 바리스타, 프랜시스 브로더의 이야기를 들어 보자. "우리는 고객의 방문 횟수를 늘리기 위해 파트너에게 권한을 줍니다. 간혹 고객이 주문을 마친 지 몇 분 만에 되돌아와 주문을 다시 할 때가 있습니다. 물론 고객을 믿을 수 있어야 한다는 전제가 필요하지만, 간단한 설명을 들어보면 그분이 음료를 제대로 즐기기도 전에 실수로 몽땅 쏟아버렸다는 사실을 알게 됩니다. 그분은 여러 번 매장을 방문했기 때문에 파트너도 그분을 '알고' 있고, 그분을 도우려 합니다. 같은 음료를 다시 주문할 때, 저는 이렇게 합니다. 고객에게 무료로 음료를 드리며, 고객이 즐기지 못한 음료 값은 받지 않는다고 설명합니다. 그 고객은 깜짝 놀라며 어떻게든 돈을 지불하려 하지만, 우린 받지 않습니다. 저는 이 회사에서 일하면서 보람을 느낍니다. 옳은 일을 자유롭게 행할 수 있기 때문이죠." 프랜시스의 이야기에는 스타벅스 파트너와 고객의 만족감이 그대로 녹아 있다. 회사가 인간적인 유대에 우선순위를 두고 그만큼 제품과 서비스 품질도 소홀히 하지 않을 때 발생하는 이로운 현상을 이해할 수 있는 이야기다.

경험이 곧 스타벅스다

나는 스타벅스의 미래에 개인적으로 책임질 일이 없는 외부인이다. 그러니 회사를 선전할 목적으로 책을 쓸 이유도 전혀 없다. 스타벅스는 비즈니스 관련 저자의 도움 없이도 이미 탁월한 역량을 발휘하며 세계적인 정상의 자리에 올랐다. 또한 스타벅스가 최고의 글로벌 기업이라고 주장하기 위해 책을 쓰는 게 아니다. 나보다 더 똑똑한 전문가들이 이미 결론을 낸 일이다. 이 책의 핵심은 독특한 '스타벅스 경험' 안을 꿰뚫어보는 통찰력을 제공하는 데 있다. '스타벅스 경험'으로 대변되는 스타벅스의 문화는 커피 산업과 비즈니스계 전반, 환경, 파트너, 고객, 그리고 미국의 시애틀과 워싱턴에서부터 인도의 다즐링에 이르는 지역사회까지 지대한 영향을 미쳤다.

나는 스타벅스라는 세상 속을 18개월간 탐험하며 리더들의 말을 듣고 그들의 행동을 관찰했다. 이를 통해 스타벅스의 놀라운 성공신화를 이끈 다섯 가지 핵심인 비즈니스 원칙을 이끌어낼 수 있었다. 이 원칙들이 당신의 상황에도 적용될 수 있길 바란다. 당신의 리더십이 비즈니스와 그 밖의 일들에 더욱 풍부하고 긍정적인 영향력을 발휘하게 될 것이다. 스타벅스의 문화는 아주 간단하지만 단순하지 않은 아래의 다섯 가지 원칙을 따른다. 이들은 결과 지향적이며, 실천이 동반될 때 믿을 수 없을 정도로 강력한 힘을 발휘한다.

1. 자신의 것으로 만들라(Make it your own)
2. 모든 것이 중요하다(Everything matters)
3. 놀래고 기쁘게 하라(Surprise and delight)
4. 저항을 포용하라(Embrace resistance)

5. 기업의 자취를 남겨라(Leave your mark)

이 다섯 가지 원칙의 효과는 스타벅스의 성공신화 자체보다 더욱 위대하다. 비즈니스 리더라면 이를 통해 자신의 일터를 훨씬 윤택하게 만들 수 있을 것이다. 이 원칙들은 기업가 정신과 뛰어난 리더십 기술이 제품이나 서비스를 어떻게 향상시키는지, 또한 그 제품과 서비스가 전달되는 방식을 어떻게 변화시킬 수 있는지를 설명해준다. 덕분에 우리 모두는 자신의 일터를 더욱 나은 곳으로 개선할 수 있다. 고객을 끄는 신제품의 개발이건, 새로운 시장 개척이건, 혹은 그저 즉시 개선할 수 있는 일에 관심을 기울이는 일이건, 이 원칙들이 도움이 될 것이다.

스타벅스의 정신 안에 녹아 있는 이 원칙들로 인해 우리는 기회를 더욱 잘 포착할 수 있는 안목을 갖추고 그에 응답할 수 있다. 우리 모두, 즉 당신과 나와 CEO 모두가 내면에 숨어 있는 열정을 풀어내어 고객의 경험으로, 궁극적으로는 우리가 속한 지역사회로 잔잔히 흘려 보내야 할 책임이 있다. 이제 각 원칙을 좀 더 면밀히 들여다보자. 각각의 원칙이 스타벅스 안에서 어떻게 작용하는지, 우리는 이들을 어떻게 변형하여 강력한 힘을 발휘할 수 있을지 살펴보자.

스타벅스 경험 마케팅

제1장

자신의
것으로
만들라

MAKE IT YOUR OWN

"인생의 진정한 기쁨, 그것은 스스로 위대한 것이라
여기는 목적을 위해 사용되는 것이다.
세상이 나를 행복하게 해주지 않을 거라 불평하는
이기적인 아픔과 슬픔의 덩어리가 아닌, 자연의 힘이 되는 것이다."

- 조지 버나드 쇼 -

물질적 소유와
자신의 것으로 만들기

　오늘날 비즈니스 리더들은 직원들이 단순히 기계적으로 움직이는 것이 아니라 적극적으로 참여하기를 원한다. 그러나 직원들은 보통 자신의 노고가 조직의 성공에 어떻게 기여하는지잘 모른다. 또한 회사의 성공이 자신과 어떤 관계가 있는지도 알지 못한다. 이는 대부분 고위 경영진이 직원들에게 그들이 발휘해야 하는 건설적인 능력을 설명하지 않았기 때문이다.

　다른 회사들과 마찬가지로 스타벅스는 파트너들이 매일의 업무에 열정과 능력을 최대한으로 끌어낼 수 있도록 방법을 마련하기 위해 고심해왔다. 이와 동시에, 경영진은 파트너 개개인의 차이가 조화를 이루어 고객에게 일관성 있는 경험을 제공할 수 있도록 만전을 기해야 한다.

경우에 따라 다르지만, 이 두 가지 주요 사안의 균형을 이루는 것은 경영진에게도 쉽지 않은 일이다. 그러나 스타벅스는 '자신의 것으로 만들라'는 원칙을 통하여 모든 직급의 파트너들이 자기가 하는 모든 일에 창조적인 에너지를 쏟고 헌신하도록 독려하는 독특한 모델을 만들어내는 데 성공했다.

직원에게 비즈니스의 우선수위에 따라 효율적으로 일하는 동시에 자기 개성도 드러내는 법을 확실히 알려줄 매니저는 없다. 그런 일을 가능하게 하는 고객 서비스 매뉴얼 따위도 있을리 없다. 그러나 스타벅스의 리더들은 파트너가 자기 일에 온전히 매진할 수 있도록 지침을 제공해주었다. 이로 인해 스타벅스 파트너들은 고객에게 전설로 남을 만한 서비스를 제공할 수 있었다. 스타벅스는 이를 '다섯 가지 행동수칙(Five Ways of Being)', 줄여서 '5Be'라고 부른다.

- 환영합니다(Be Welcoming)
- 감동을 드립니다(Be genuine)
- 서로 배려합니다(Be considerate)
- 지식을 갖춥니다(Be knowledgeable)
- 함께 합니다(Be involved)

이 개념을 강화하기 위해, 스타벅스 경영진은 파트너의 앞치마

주머니에 쏙 들어가는 크기의 수첩을 개발했다. 바로 이것이 〈그린 에이프런 북〉이다. 이 수첩에는 고객과의 개인적인 유대감을 형성하는 구체적인 아이디어가 담겨 있다. 파트너들은 이 수첩의 내용을 참고하여 고객에게 음료와 식품을 제공하고 고객과 관계를 맺으며, 고객의 상호작용을 향상시킨다.

금융계 정보를 전문으로 다루는 웹사이트 〈뱅크스톡스닷컴(bankstocks.com)〉에는 NCBS의 수석 교육컨설턴트이자 세계 소매업 뱅킹 솔루션계의 선두주자인 데이비드 M. 마틴의 글이 실려 있다. 그는 스타벅스의 '5Be'와 함께 〈그린 에이프런 북〉에 관한 의견을 피력한다. "진정으로 스타벅스가 신봉하는 핵심 철학의 정수를 담았다. 단 5분이면 앞표지부터 뒤표지까지 전부 읽을 수 있다. (…) 그것도 커피를 들이키기 위해 멈추는 시간을 포함한 것이다. 생각해보라. 본질적으로, 이 회사는 이 책 안에 담긴 원칙과 철학이 얼마나 중요한지를 '자기 직원들에게 마케팅하고' 있다."

데이비드는 스타벅스 경영진이 이 소책자 안에 낙관적인 메시지를 담았다고 말한다. "자잘한 세부사항과 딱딱한 지시를 열거하여 직원들을 질리게 하는 책이 아닙니다. 여기에는 회사가 창조하고자 하는 환경과 고객을 위한 전설적인 서비스 원리가 있습니다." 바로 이것이 최고의 리더십이다. 희망을 전하는 정신이 담긴 매력적인 방법으로 방향만 간단히 일러주면 충분하다.

여러분에게는 〈그린 에이프런 북〉은 물론이고 초록색 앞치마도 없을 테니. 일단 스타벅스의 직원들이 어떻게 '스타벅스 경험'을 자기만의 것으로 만드는지, 회사는 직원들에게 어떻게 길을 일러주는지 살펴보도록 하자.

환영합니다

많은 사람들이 자기 집에 손님을 초대하는 걸 꺼리고 무시하는 반면, 많은 비즈니스 리더들은 자기 회사에 고객을 초대하는 데 실패한다. 스타벅스에서 '환영합니다'는 고객의 방문을 긍정적인 출발점으로 연결시키는 핵심적인 방법이다. 따뜻하고 편안한 환경을 조성하기 위한 기초가 되는 것은 물론이다. 이는 파트너가 고객과의 유대를 강화하여 스타벅스를 자주 찾지 않던 고객도 단골고객으로 만들 수 있게 한다. 또 이렇게 단골이 된 고객의 대다수는 평생고객이 된다.

고객들이 품는 중요한 의문은 대부분 거래의 첫 순간에 답을 얻는다. 직원들이 나를 알고 싶어 하는가? 그들이 나를 기억하는

가? 그들이 내가 얻고자 하는 것을 제공할 것인가? 내가 중요한가? 내가 보이는가?

스타벅스의 경영진은 이러한 의문들이 비즈니스를 운영하는 사람들의 주요한 관심사여야 한다고 여긴다. 그들은 고객이 중요한 사람 대우를 받는다고 느낄 수 있도록 환영의 경험을 창조해야 한다고 강조한다. 스타벅스 커피 COO인 마틴 콜스는 "사람들은 관심 받기를 원한다"고 단언한다. "사람들은 어떠한 식으로든 세상에 알려지길 원한다. 자기가 어떤 면에서 정말 중요한 사람이라고 느낄 수 있게 되기를 원한다. 또한 자기가 그저 돈을 버는 회사 이상의 무언가를 의미하는 공동체에 속할 수 있는 공간을 원한다. 우리 회사 안의 공간, 보편적으로 통용되는 공간, 바로 '제3의 공간'을 원한다. 결국 매장 내의 경험이다. 그게 전부다."

스타벅스의 경영진은 '환영합니다'란 곧 '모든 이에게 소속감을 제공하는 것'이라고 정의한다. 그들은 파트너들이 개개인의 능력과 지식을 발휘하여 사람들이 자기가 우선순위에 있다고 느끼는 공간, 고객의 하루가 잠시라도 한층 밝아지는 공간을 만들 수 있어야 한다고 강조한다. 모든 고객이 스타벅스에 기대하는 것은 결국 이러한 경험이다. 따라서 리더들은 파트너의 적극적인 헌신으로 고객이 언제 어디에서나 환영받을 수 있기를 기대한다. 그들은 이러한 기대를 품고 파트너가 자기 고유의 스타일로 고객을 끌어들이도록 장려한다.

이름이
무엇인가요?

고객들의 이름을 기억하여 불러주는 것은 소소하지만 중요한 일이다. 데일 카네기의 《카네기 인간관계론》에도 이러한 점이 잘 나타나 있다. "사자에게는 자신의 이름이 그 어떤 것보다도 기분 좋고 중요한 말임을 명심하라." 카네기는 이름이 당사자에게 가장 귀중한 소유물일 수도 있다고 말했다.

바리스타 조이 윌슨은 직원들이 각자의 방법으로 고객을 환영하는 게 어떻게 가능한지를 보여준다. "우리 매장에서는 제가 드라이브-인 여왕이에요. 항상 할 수 있는 한 최선을 다하죠. 어떻게 하냐고요? 사람들 이름이랑 음료랑 애완견 이름, 아이들이 다니는 학교명, 아무튼 고객에 대해 알아낼 수 있는 건 다 외워요."

조이는 고객의 이름을 기억하는 걸 중요하게 여긴다. 실제로 일이 끝난 후 그녀는 고객의 정보를 컴퓨터에 입력해두고, 추후에 열어 복습한다. 스타벅스의 경영진은 조이가 환영의 중요성을 인식하도록 도왔고, 그녀의 방식에 칭찬을 아끼지 않았다. 그렇다고 다른 파트너들에게도 조이의 방식을 따르라고 강요하지는 않는다. 그 대신, 그들에게 자기 자신과 고객과 매장에 가장 적합한 방법을 찾을 수 있는 자유를 준다. 이러한 경영진의 지도와 격려와 개성의 존중 덕분에 파트너들은 탁월한 역량을 발휘할 새로운 방법을 만들어낸다.

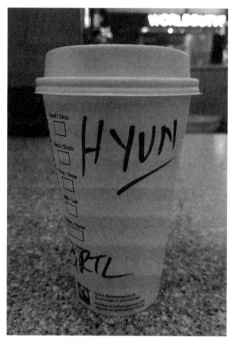

고객의 이름을 부르는 스타벅스

고객의
특징을 기억하라

조이가 고객을 알아보는 것처럼 실제로 누군가가 우리를 알아보면 깜짝 놀라기 마련이다. 특히 한동안 발길을 끊었던 곳이라면 더더욱 놀라게 된다. 어딜 가나 사람들이 북적거리는 오늘날, 우리들 대부분은 군중 속에 묻혀 지낼 수밖에 없다. 우리는 자기 자신이 두드러지길 원하지만, 불행하게도 결국은 군중의 일부에 지나지 않음을 인식하고 실망할 수밖에 없다.

스타벅스 경영진은 고객들이 자신의 특징이 기억되길 바란다는 사실을 잘 안다. 그래서 고객이건 클라이언트건 직원이건 간에 사람들을 대할 때는 항상 상대방이 독특하고 특별한 존재라고 느낄 수 있도록 대하는 게 중요하다는 사실을 파트너들에게 주지시키고 있다. 방콕의 폴 아크는 스타벅스 파트너 덕분에 자기가 정말 소중한 사람이라는 것을 느낄 수 있었다고 고백한다. 자칭 라즈베리 시럽이 든 프라푸치노 열혈팬인 폴이 거의 두 달 만에 처음으로 실롬 스타벅스를 찾았다. 그가 주문을 위해 다른 두 명의 고객 뒤에서 줄을 서고 있는데, 바리스타 중 한 명이 그를 알아보고 "바닐라 크림 프라푸치노, 그란데시죠? 라즈베리 시럽도 넣고요"라고 말하였다.

폴은 순간 멍한 충격을 받았지만, 마음 깊이 감동을 받았다. 그의 말을 들어보자. "대부분의 회사가 '고객 서비스'란 말을 무슨 주문처럼 읊어대죠. 겉만 번지르르한 광고에 줄기차게 써먹으면 입에 발린 소리가 아니라고 믿는 모양이에요. 하지만 여기 조 슈모라는 스타벅스 직원이야말로 고객에게 진짜 고객 서비스를 실천한 사람이에요. 그는 고객에게 필요한 것, 고객이 좋아하는 것을 기억하기 위해 일대일 관계를 맺었지요. 원활하고 효율적인 매장 경험을 창조했고요."

성공적인 비즈니스 리더들은 직원들의 판단력과 개성을 존중하라고 강조하고, 교육하며, 독려한다. 스타벅스에서 직원의 판단력은 고객 환영을 우선시하기, 환영이 어떤 모습인지를 직접 실천하기, 환영의 이미지를 새롭게 가꾸기 등의 형태로 나타난다. 그들이 보여준 진정한 환영의 개념을 접한 고객들은 또 다시 그 이미지를 자신의 것으로 만들게 된다.

🔦 성공적 비즈니스를 위한 경험 만들기

- 당신의 비즈니스는 고객에게 기억에 남을 만한 환영의 경험을 제공합니까?
- 팀원들을 도와 당신의 비즈니스에 독창적인 환영의 문화를 끌어들일 방법은 무엇일까요?
- 주위를 둘러보십시오. 당신은 오늘 누구를 환영하겠습니까?

감동을 드립니다

스타벅스의 경영진은 파트너들이 감동을 준다는 아이디어와 그 중요성을 스타벅스 경험에 적용할 수 있도록 격려하고 돕는다. 감동을 주기 위해 필요한 것은 솔직함이지만, 그 실천은 상당히 어렵다. 스타벅스에서 감동을 준다는 것은 '접촉, 발견, 반응'을 의미한다. 각 고객과 대면하면서 이 세 가지 요소에 집중할 때 비로소 진정한 유대가 형성된다. 그러나 생각해보면 "당신에겐 전혀 관심이 없어요"라는 인상을 주는 사람들로부터 서비스를 받는 경우가 매우 많다.

고객이 기대하는 건 최고의 친구가 아니다. 그들은 긍정적인 관계를 원하고 자신의 요구가 중요하게 여겨지길 바랄 뿐이다. 단지

지갑을 가진 사람으로만 대우받는 걸 좋아하는 고객은 없다. 관계를 맺기 위해서는 고객의 감정에 귀를 기울여야 한다. 감동을 주기 위해서는 오감을 동원하여 고객의 소리를 들어야 한다.

바리스타가 고객에게 필요한 것을 감지하기 위해서는 이런 채널이 필요하다. 바리스타 안젤라는 몹시 우울해 보이는 여성고객을 맞았던 일을 털어놓았다. "토요일이었어요. 기분이 엉망인 채 매장에 들어서는 불쌍한 여자가 눈에 들어왔죠. 처음 보는 고객님이었어요. 우리 메뉴가 좀 복잡하잖아요. 처음 접하는 고객님에겐 곤욕스러울 법도 하죠. 아니나 다를까, 그 고객님도 메뉴판을 한참 노려보다가 그냥 커피를 주문하더군요. 우리가 정말 다른 걸 마셔볼 생각이 없으시냐고 묻자, 그녀는 너무 복잡해서 당황스럽다고 답했어요. 표정을 보니 금방이라도 울음을 터뜨릴 것만 같았어요. 그분과 대화를 나누는 동안 우리 바리스타 중 한 명이 토피넛 라떼를 준비했어요. 토피넛 라떼를 싫어할 사람은 없으니까요. 그분께 음료를 건네며 말했어요. '플레인 커피는 잊어버리시고, 대신 이 토피넛 라떼를 드셔보세요. 고객님을 위한 오늘의 음료랍니다.' 그 고객님은 감격하셨죠! 우리도 그분을 행복하게 해드릴 수 있어서 무척 기뻤고요."

이야기는 여기서 끝이 아니다. "이틀 후, 우리 매장으로 꽃이 배달됐어요. '생명을 구해줘서 고맙다'는 내용의 편지도 함께요. 편지에는 그녀에게 그날 정말, 정말로 안 좋은 일만 연이어 터졌다고 씌어 있었어요. 그런데 우리 매장을 방문한 후, 라떼 한 잔의 즐거움을 만끽했고 쌓인 문제를 해결할 자신도 얻었다고 하더군요. 심지어 다른 사람 기분까지 좋아지게 할 수 있었대요. 그분은 지금 우리 단골고객이 되셨답니다."

안젤라와 그녀의 동료들은 고객의 표현 이면까지 꿰뚫어 감동의 경험을 주도했다. 이것이 바로 감동을 주는 행위이며, 비즈니스를 자신의 것으로 만드는 방법이다.

접촉 :
기대와 서비스

전설적인 서비스는 감동을 주려는 마음과 고객의 기대를 넘어서려는 노력으로부터 온다. 다시 말하지만, 고객은 비범함을 실천하는 스타벅스 파트너와 경험을 공유한다. 형식적인 인사가 아닌, 더욱 깊은 관계를 만들어가는 파트너들과 함께 말이다. 캘리포티아 주 오클랜드의 리디아 무어가 좋은 사례를 보여준다. 그녀는 스타벅스에서 일생일대의 연인을 만났다. 만남 그 자체만으로도 리디아가 커피숍에 특별한 애정을 갖게 되었지만, 파트너들은 감동적인 방법으로 고객의 애정을 더욱 견고하게 만들었다.

리디아는 직원들이 자신에게 관심을 기울인다고 느꼈기 때문에 연애에서 약혼에 이르기까지 그들에게 소식을 전해주곤 했다. "매장 뒤로 돌아가 두 명의 점원에게 약혼 이야기를 꺼내자마자, 그들 모두 자기 일처럼 너무 좋아했어요! 그러고는 매장 게시판에 우리 사진을 붙이더군요. 이 매장에선 우리가 꼭 유명인이 된 듯한 기분이에요."

리디아는 결혼식에도 스타벅스 파트너들을 초대했고, 그들은 이 특별한 이벤트에 향기로운 커피를 선물했다. 그러나 불행하게도, 결혼한 지 1년도 채 되지 않았을 무렵 리디아의 남편이 암 선고를 받고 말았다. 이번에도 스타벅스는 끈끈한 유대를 보여주었다. "병원을 들락날락하면서 치료를 받는 와중에도, 그이가 바란 건 딱 두 가지뿐이었어요. 그란데 사이즈의 드립커피와 헤이즐넛 번이었죠." 리디아의 남편은 결혼 1주년을 보낸 직후에 세상을 떠났다. 리디아는 그때를 회상하며 이렇게 말한다. "그이는 가버렸고, 전 망연자실해 있었어요. 놀랍게도 스타벅스 점원들이 장례식에 와주었더군요. 그이의 죽음을 진심으로 애도하는 모습이었고요."

누군가와 관계를 맺으면 감정의 기복도 롤러코스터처럼 심해지기 마련이다. 과연 그런 걸 원하는 사람이 있을까? 대부분 기업에서 접촉, 즉 관계 맺음이란 다른 세상 이야기다. 비즈니스란 단순히 거래일 뿐이라고 여긴다. 그렇다면 다시 짚어보자. 만약 서비스 업체가 무감각하고 개성 없는 서비스를 제공한다면, 고객은 무엇을 위해 돈을 지불할까? 그리고 직원들은 왜 이런 거래에 동참할까? 궁극적으로, 고객과 직원은 인간적인 관계 때문에 별다를 것 없는 그 행위에서 더욱 깊은 의미를 찾을 수 있다.

하월드 슐츠는 〈노우(Know™)〉와의 인터뷰에서 인간적인 유대가 제품에 미치는 긍정적인 영향력을 역설했다.

우리는 사람에게 서빙하는 커피 비즈니스가 아니라 커피를 서빙하는 사람 비즈니스에 종사하고 있다. 스타벅스 브랜드의 가치는 지역사회와의 친밀한 관계와 인간애다. (…) 우리는 인간 및 지역사회와의 관계를 향한 강한 요구와 열망을 지속적으로 되새긴다. 그것이 고객의 선택을 결정하는 새롭고도 강력한 힘이다. 스타벅스에서는 커피 못지않게 환경도 중요하다.

다시 말해, 진정한 리더는 직원들에게 각자의 고유함이 다른 사람들과 관계를 맺는 특별한 방법이라는 점을 알려준다.

발견:
무엇을 원하시나요?

경청은 관계를 형성하는 데 있어 핵심적인 역할을 한다. 비즈니스의 성공을 위해서는 고객 한 명 한 명의 요구와 각각의 상황을 발견하는 일이 필요하다. 이상하게 들릴지 모르나, 고객과의 관계는 연인들이 로맨틱한 관계를 이루어가는 과정과 비슷하다. 즉 다른 사람이 원하고 바라는 것이 무엇인지 찾고자 하는 과정이다. 슬프게도, 많은 관계(직원과 고객의 관계건 연인 관계건)가 한쪽 또는 양쪽이 발견 과정을 포기하는 바람에 쉽게 끝나고 만다.

고객 서비스가 로맨스는 아니지만, 스타벅스는 발견이야말로 유일하고도 진실한 관계를 형성하는 데 필수적인 요소라는 사실을 이해하고 있다.

미국 오하이오의 바리스타인 수잔의 말을 들어보자. "우리 매장에 오는 고객들은 커피 관련 상품도 함께 둘러봅니다. 저는 그런 상품을 판매하는 일이 무척 즐겁습니다. 제 자신이 우리 상품을 좋아하거든요. 스타벅스가 제공하는 커피 관련 상품에 관한 정보를 속속들이 익혔고 고객에게 알맞은 상품을 추천할 수도 있습니다. 저는 '접촉, 발견, 반응' 모델을 사용합니다. 이런 식이지요. '직접 커피를 추출할 수 있는 기계를 찾으시나요? 그렇다면 프렌치 프레스가 적합합니다. 한번에 12컵을 추출해야 한다면 스타벅스 바리스타 아로마 그란데가 좋습니다.' 원하는 것을 찾도록 도와주면 고객은 우리에게 감사한 마음을 표현합니다. 정말 신나는 일이지요."

반응 :
들자마자 실행하라

　실제로 아주 많은 기업들이 고객과 관계를 맺고 그들의 요구를 발견하고 있지만, 알게 된 것을 항상 실천하는 기업은 별로 없다. 이익에만 매달릴 뿐, 고객이 진정 무엇을 원하는지 알고자 하는 노력은 부족하다. 고객들은 자신의 요구가 무시당할 때 배신감을 느끼게 된다. 스타벅스 파트너들은 고객의 소리를 듣는 것뿐만 아니라 들은 바를 즉시 실행에 옮기도록 교육 받는다. 그러한 경험을 통해 향후 고객과의 상호작용에 적용할 교훈을 얻기도 한다.

　뉴욕 주 미들 아일랜드의 베티 도리아의 경험은 '반응'의 중요성을 알려주는 좋은 사례다. 베티와 그녀의 남편이 테네시 주를 여행할 때 겪었던 일이다. "길을 잘못 들어 우연히 스타벅스에 들어가게 되었어요. 매장 안 메뉴판에 '맥아커피'가 있더군요. 진짜 맥아 말이에요! 그런 건 어릴 적 브루클린에서 본 이후로 처음이었죠. 너무 신나더라고요. 저는 매니저에게 말을 걸었고, 옛날 사람들이 나 즐기던 맥아커피를 어떻게 만들게 됐는지 들었어요." 그런데 막 상 매니저가 건넨 맥아커피는 "원하던 맛이 아니었다"고 한다. 그러 나 그 매니저는 고객의 불만족을 무시하지 않고 베티의 요구를 잘 듣고 베티의 입맛에 맞는 음료를 다시 만들어주었다. 듣고 바로 실 행하는 것, 이것이야말로 베티의 경험과 모든 고객의 경험, 그리고 파트너의 경험을 성공으로 이끄는 핵심적인 요소다.

접촉, 발견, 반응. 우리는 저마다의 관계, 즉 동료, 상사, 부하직 원, 고객과의 관계에 이 세 가지 요소를 적절히 조합하여 사용할 수 있어야 한다.

🎯 성공적 비즈니스를 위한 경험 만들기

- 고객의 독특한 요구를 발견하도록 독려하기 위해 당신은 무엇을 하고 있 습니까?
- 접촉과 발견의 과정에 당신 자신의 시간과 노력을 더 많이 투자하기 위 해, 그리고 다른 사람들도 그렇게 하도록 하기 위해, 당신은 무엇을 할 수 있습니까?
- 당신은 발견한 것을 실행에 옮깁니까?

서로 배려하라

스타벅스 리더십은 세계적인 수준으로 고객의 니즈에 대한 배려를 실천하기 위해 분투하고 있다. 경영진뿐만 아니라 파트너들도 배려를 실천하기 위해 부단히 노력하고 있다. 스타벅스 파트너들은 자신의 입장을 심사숙고함으로써 자신들에게 필요한 것을 예견하고 다른 이들이 필요로 하는 것을 배려한다. 여기서 말하는 '다른 이'의 범위는 무척 넓다. 고객, 잠재적 고객, 비평가, 동료, 주주, 매니저, 보조직원, 농부, 원두를 따는 사람들, 공급자, 그리고 환경까지도 여기에 포함된다. 본질적으로 '다른 이'란 스타벅스와 스타벅스의 제품이 영향을 미치는 지구상의 모든 존재를 의미한다.

회사 차원에서 스타벅스의 '서로 배려하라'는 스타벅스 파트너 및 그들과 관계가 있는 모든 이들이 오랫동안 행복하게 잘 살 수 있는 방법을 모색한다는 의미이다. 스타벅스가 지속적으로 존재할 수 있도록 지탱해줄 지구의 능력 또한 염두에 둔 아이디어다. 그런 이유로 스타벅스는 대체에너지와 신에너지 개발에도 관심을 기울이고 있다.

그 첫 단계로 스타벅스의 경영진이 미국 본사 직영 매장에서 사용하는 에너지의 5퍼센트를 풍력에너지로 교체한 점은 상당한 의의가 있다. 이는 이산화탄소 배출을 2퍼센트까지 줄이는 효과가 있다. 풍력에너지는 화력에너지보다 두 배에 가까운 비용이 들지만, 스타벅스는 이러한 변화를 감행했다. 스타벅스 경영진의 사려 깊은 선택은 당장의 이익 신장을 위한 것이 아니라 장기적으로 생존과 번영을 위한 계획이라는 점을 증명한다.

스타벅스는 다양한 방식으로 전 지구적인 배려를 실천한다. 스타벅스는 생수 브랜드인 에토스 워터(Ethos Water) 사업의 일환으로, 향후 5년 동안 개발도상국에 1천만 달러를 기부하는 워터 프로젝트를 진행하고 있다. 2002년 처음 선을 보인 에토스는 병에 든 생수의 판매를 통해 전 세계 어린이들에게 깨끗한 물을 제공하도록 지원하겠다고 약속했다. 스타벅스가 에토스 워터를 한 병 판매할 때마다 세계적인 워터 프로젝트 기금에 5센트씩 쌓여간다. 스타벅스는 기업 차원의 사회적 책임 사업도 활발히 펼치고 있다. 커피농가를 돕기 위해 학교와 의료시설을 짓고, 이주한 커피농민에게 최적의 환경을 마련해주는 등의 활동이 이에 속한다.

'배려합니다'라는 아이디어는 환경과 공급자를 원조한다. 그러나 여기에는 더욱 깊은 의미도 담겨 있다. 멀리 내다보는 안목, 다른 차원의 접근방법을 통해 이루어낼 수 있는 것들을 파트너들이 이해하도록 돕는다.

매장에서도 파트너들이 항상 지역사회의 환경적·사회적인 이슈에 관심을 갖고 배려할 방법을 찾고 있다. 스테파니 함스는 배려가 지역사회에 어떻게 반영될 수 있는지 설명한다. "호주의 식목일이었는데, 빅토리아 주의 파트너들이 자기 시간을 포기하고 번리 공원에 모였어요. 다른 자원봉사자들과 함께 나무를 심으러 온 겁니다. 저로선 스타벅스 파트너들 간의 동료애를 확인할 수 있는 유쾌한 날이었어요. 제 왼쪽에서는 파트너들이 팔꿈치까지 진흙 범벅이 된 채 나무를 심고 동네 주민들과 수다를 떨었고요, 오른쪽에선 로한과 셀레스테가 휴식을 취하는 자원봉사자들에게 무료로 드립커피를 건넸지요. 공정거래 보증 커피인 티모르 로로사이 커피 샘플에 대해 자랑스럽게 설명하면서요." 환경과 지역사회를 자신의 것으로 만들고자 한다면, 스테파니와 그녀의 동료들을 떠올리면 된다. 그들은 개인적으로나 사회적으로 할 수 있는 일을 스스로 찾아냈다.

내면을 보라

현대의 직장에서는 공동체의 의미, 그리고 서로에 대한 존중이 점점 사라져가고 있다. 고객보다 직장동료를 훨씬 더 나쁘게 대하는 경우가 많다. 경영진이 보이는 배려의 모습은 직원들 간에도 사려 깊고 예의 바른 행동이 자리 잡는 데 좋은 귀감이 된다. 배려가 기업문화의 일부가 될 때, 놀랍도록 이타적인 행동이 나타나고 모두의 삶이 윤택해진다. 메리 샴페인은 스타벅스 UCO 매장의 점장이다. 이 매장은 경제적으로 어려운 지역 주민들을 후원하기 위한 경제발전의 수단으로 존슨 개발회사와 파트너십을 이루어 운영된다(265쪽의 UCO 프로젝트 참고).

메리 자신도 온갖 역경을 거친 불우한 이웃이었다. 그녀의 아들은 범죄현장에서 죽었고, 남편은 암으로 세상을 떠났다. 다니던 회사마저 파산하여 그녀는 졸지에 실직자가 되었다. 그러나 스타벅스에 입사한 후 그녀는 자신의 팀과 매장에 헌신하여 두드러진 활약을 했다. LA에서 버스 파업 사태가 일어나자, 그녀는 자기 차로 직원들을 태워 같이 출근하였다. '환영합니다'와 '감동을 드립니다' 정신에 입각한 그녀의 픽업 서비스는 단골고객으로까지 확대되었다.

캘리포니아의 복권 당첨금이 8천 7백만 달러로 불었다는 소식을 접했을 때, 그녀는 직원들에게 1달러씩 걷어서 복권을 사자고 이야기했다. 그날 근무가 없었던 두 명은 제외하고 말이다. AP 통신과의 인터뷰에서 메리 샴페인은 당시 상황을 이렇게 회상했다. "지갑을 열어보니 잔돈이 꽤 있었어요. 직원들 수만큼 복권을 살 수 있을 정도였죠. 우리는 팀이잖아요." 믿을 수 없는 일이 벌어졌다. 메리가 복권에 당첨된 것이다. 법적으로 8천 7백만 달러는 모두 메리의 것이었다. 그러나 메리는 당첨금을 직원들과 똑같이 나누기로 했다! 모두가 깜짝 놀랄 일이었다. 메리만 빼고 말이다. CNN 인터뷰에서 메리는 "우리는 스타벅스에서 팀으로 일합니다. 우리는 서로를 배려하지요"라고 말했다. "제가 당첨금을 모두 가진다면 팀의 일부라고 할 수 없을 겁니다. 지금까지 일해 온 것도 모두 아무것도 아닌 게 되어버리겠지요."

물론 직장에서 배려를 한다고 해서 모두 이처럼 특별한 결말을 맞이하는 건 아니다. 그러나 리더가 배려를 우선순위에 두고 직원들에게 배려의 의미를 주지시켜준다면 충분히 가능한 일이다. 바로 이런 리더십이 평범함을 비범함으로 변화시킬 수 있다.

⚡ 성공적 비즈니스를 위한 경험 만들기

- 당신과 당신의 비즈니스, 지역사회, 환경을 미래까지 유지하기 위하여 어떠한 파트너십을 형성할 수 있습니까?
- 당신과 당신의 회사가 배려해야 할 요구는 누구의 것이며, 무엇입니까?
- 배려에 당신 자신의 시간과 노력을 더 많이 투자하기 위해, 그리고 팀 동료들도 그렇게 하도록 하기 위해 당신은 무엇을 할 수 있습니까?

지식을 나누어라

스타벅스 경영진이 파트너들에게 "지식을 나누어라"라고 말하는 것은 "자신이 하는 일을 사랑하고 그것을 다른 사람들과 나누라"고 격려하는 의미다. 정보화 시대를 사는 우리는 어떤 일을 하든지 그와 관련된 지식을 갖추어야 한다. 그래야 우리의 노고에 가치가 따라 붙는다. 그리고 지식을 많이 습득할수록 비즈니스에도 우리의 가치와 자신감을 더할 수 있고 서로에게 좋은 영향을 줄 수 있다.

스타벅스 매니저들은 파트너가 커피와 고객 서비스 분야의 전문성을 갖추도록 독려하고, 경영진은 공식적인 교육기회를 제공하고 지식의 습득에 대해 포상을 하기도 한다. 이에 더하여, 대체로 비즈니스 리더들이 잘 모르는 것을 스타벅스 고위 경영진은 알고 있다. 고객과 지식을 나누면 고객의 안목이 더욱 높아진다. 이러한 고객들은 자기가 구매하는 제품과 서비스에 더욱 열성적인 관심을 갖게 되고, 회사가 제공하는 미묘한 뉘앙스까지 찾아내려고 한다.

오늘날, 우리는 지식 및 서비스를 통해 고객의 경험에 강한 인상을 심어주고 비즈니스에 가치를 더한다. 고객은 이에 화답하여 우리의 비즈니스에 신뢰를 보낸다. 또한 우리를 단지 거래 상대가 아닌 믿을 만한 조언자로 여기게 된다.

공식적인 훈련

스타벅스의 모든 파트너는 커피에 대한 지식을 익혀 고객의 취향을 꿰뚫어볼 수 있도록 충분한 지원을 받는다. 그들은 자신의 지식을 활용하여 고객과 커피에 관한 대화를 나눈다. 예를 들어 신선하고 질 좋은 원두가 커피로 추출되면 얼마나 풍부한 맛과 향을 뿜어내는지 고객이 충분히 이해하도록 설명해줄 수 있다. 이러한 지식은 경영진의 주도 하에 이루어지는 '커피 패스포트' 프로그램 등의 교육과정으로 얻는다. 갓 입사한 파트너들은 104쪽에 달하는 소책자(패스포트)를 받고, 90일 이내에 모든 내용을 습득한다.

이 책에는 커피 재배 지역의 지도, 커피 재배 및 로스팅에 관한 정보, 커피 시음 용어, 커피 추출의 기본요소, 서로 어울리는 맛과

향이 나열된 차트, 스타벅스 커피의 종류 등이 담겨 있다. 파트너들은 이 패스포트를 참고자료로 사용하고, 1년에 두 번 스타벅스의 주요 커피를 모두 시음하고 구분해낼 수 있어야 한다. 그뿐만 아니라, 매주 450그램 상당의 원두를 무상으로 제공받아 꾸준히 지식을 습득하고 스타벅스 제품의 세련된 맛을 더욱 향상시키는 방안을 모색한다.

이렇게 지식을 쌓아가면서 바리스타는 '커피 마스터'가 될 수 있는지 탐색기를 갖게 된다. 커피 마스터는 진정한 커피 전문가가 되려는 열정을 지닌 스타벅스 파트너에게 주어지는 호칭이다. 커피 마스터가 되어 검정색 앞치마를 두르려면, 일정 기간의 교육을 이수하고 일련의 테스트를 능숙하게 통과해야 하며, 숱한 커피 시음회를 주관해야 한다. 이 교육과정은 보통 약 3개월이 소요되며 세미나 진행과 주제토론이 포함된다.

바리스타처럼 고객과 대면하는 파트너라면 이 교육을 받는 것이 당연하다. 그러나 스타벅스는 조직 전체에 이 자격증을 권장한다. 마케팅부서와 법무부서, 그 밖의 스타벅스 내의 모든 부서에서도 커피 마스터 세미나가 자주 열린다.

교육에는 비용이 많이 든다. 대체로 회사가 힘들면 비용 절감의 1순위가 교육 분야다. 현실적으로 이러한 교육의 실질적 경제효과는 거의 측정 불가능하다. 그럼에도 불구하고 스타벅스가 교육에 그토록 많은 투자를 하는 이유는 무엇일까?

'지식은 힘이다'라는 격언에 그 답이 있다. 더 많은 수의 직원이 제품의 기원이나 특성 등에 대해 잘 알수록 고객의 삶에 더 많은 변화를 제공할 수 있기 때문이다. 어떠한 제품이나 서비스이든 고객은 그에 대해 잘 아는 사람에게 도움을 구하고 싶어 한다. 새롭게 필요한 무엇이 생기면, 과거에 적절한 도움을 주었던 사람과 회사를 떠올린다. 비록 측정하기는 어렵지만, 지식이라는 힘을 갖게 하는 교육은 스타벅스와 그 고객을 위한 최선의 투자인 셈이다.

성공적 비즈니스를 위한 경험 만들기

- 당신의 조직은 모든 구성원이 자신의 핵심역량과 최신 정보에 대한 지식을 쌓아 회사의 발전에 기여할 수 있도록 기회를 주고 있습니까?
- 당신은 동료와 고객의 열정과 자각을 일깨우기 위해 자신의 지식과 경험을 공유하는 데 얼마나 헌신하고 있습니까?
- 어떻게 하면 당신 자신과 조직에 가치를 더할 수 있을까요?

함께 합니다

스타벅스의 '함께 합니다'란 '매장에, 회사에, 지역사회에' 적극적으로 참여한다는 뜻이다. 빛의 속도로 변화하는 오늘날의 세상에서, 기업 리더들은 어떻게든 일을 적게 하려는 직원들 때문에 미래가 암울하다고 한다. 성공적인 비즈니스는 올바른 기회를 제대로 잡는 법을 아는 동료들의 땀과 눈물로 이루어진다. 리더는 직원들이 반복되는 일상의 업무를 넘어서 세심하고 창조적이며 열정적인 에너지를 발산할 수 있도록 격려해야 한다.

고객과 가까이 있는 파트너는 수시로 변화하는 고객의 요구를 세심한 관심을 통해 발견한다. 이는 "네, 제가 하겠습니다"라는 태도로 이어지고, 제품과 서비스는 비약적인 발전을 이루게 된다. 유감스럽게도 많은 사람들이 자신의 일터에 널려 있는 가능성에 전적으로 몰입하는 것을 두려워하거나 꺼린다. 이 점은 삶에서도 마찬가지다. 그들은 기대되는 일만을 할 뿐이다.

비즈니스 리더들도 '최소한의 일만 한다'는 식의 태도 때문에 곤란을 겪는다. 회사를 하나의 섬으로 본다면, 회사는 지역사회와 사회라는 전체로부터 고립되고 만다. 그러나 스타벅스를 비롯한 여러 기업의 경영진은 한 조직이 규모와는 상관없이 지역사회에 봉사하는 자산이 될 수 있다는 점을 이해한다.

스타벅스의 경영진은 10만 명이 넘는 파트너들이 매장과 회사와 지역사회에서 적극적으로 활동하도록 장려하여 그들의 열정과 활력을 이끌어낸다. 하워드 슐츠는 〈노우(Know™)〉와의 인터뷰에서 참여와 기업가 정신의 관계에 관한 견해를 밝혔다. "사람들은 지금보다 더 무언가의 일부가 되고 싶어 한다. 그들은 자신의 마음을 건드리는 무언가의 일부가 되기를 원한다."

매장에서의 관여

참여의 가장 좋은 방법 중 하나는 자신이 일하는 사무실이나 매장을 마치 범죄현장의 수사관처럼 꼼꼼히 살펴보는 것이다. 이를 통해, 어떻게 하면 고객 경험을 창조하고 비즈니스를 발전시킬 수 있는지에 대한 실마리를 찾을 수 있다. 캘리포니아 스타벅스의 한 바리스타 모임이 이를 실행하여 정기적으로 매장을 방문하는 청각장애인 고객이 상당수 있다는 사실을 발견했다. 바리스타들은 이들 고객과 더욱 효과적으로 의사소통하기 위하여 수화 강의를 들을 파트너를 선발했다.

이러한 노력의 결과로 캘리포니아 이외의 지역까지 청각장애인 고객들 사이에서 스타벅스에 대한 입소문이 널리 퍼졌다. 실제로 스타벅스는 미국과 캐나다에서 청각장애인 단골고객들에게 주된 만남의 장소다. 청각장애인들이 커피 클럽을 만들거나 참여할 수 있는 방법에 관한 정보를 담은 웹사이트(www.deafcoffee.com)에도 스타벅스가 소개돼 있다. 스타벅스를 비롯한 만남의 장소에서 사람들을 만나고 이야기하며 커피를 함께 마시고 싶은 청각장애인들이 이곳에서 도움을 받고 있다.

매장의 개선

스타벅스는 파트너들에게 회사에 참여하기를 요구한다. 이에 파트너들은 고객에게 필요한 것을 제공할 때 어떤 식으로 하면 더 좋을지 항상 살펴본다. 시애틀의 스타벅스 1호점에서 근무하는 파트너, 릭 메이스는 파이크 플레이스 시장의 매장을 수리한 후 주문과정에 문제가 생겼다는 사실을 알았다.

"매장이 새 단장을 끝낸 후, 고객 동선에 변화가 생겼습니다. 매장 내에 사람들이 너무 많아서 카운터에 있는 파트너가 고객이 주문한 음료를 바에 있는 파트너에게 전달하는 소리도 잘 안 들릴 지경이었지요. 카운터 쪽 파트너와 바에 있는 바리스타 사이에는 두 개의 에스프레소 그라인더가 끊임없이 윙윙거리며 소리를 냈고요."

매장의 문제를 개선하려는 열린 마음 덕분에, 파트너들은 더 훌륭한 고객 서비스를 제공할 수 있었고, 파트너의 업무공간을 더욱 즐겁게 만들었다. 릭은 "이제 파트너가 카운터에서 바까지 7~8미터를 걸어갈 필요가 없어요. 주문 받는 공간에서 에스프레소 바까지 고객 이름과 주문한 음료 이름을 컵에 적고 던져서 차례로 전달하기로 했거든요"라고 설명한다.

이 단순한 변화가 즐거움을 불러일으키고 서비스 속도를 높였으며 매력적인 장면을 만들어냈다. 게다가 스타벅스 파이크 플레이스 매장의 새로운 시스템은 수산시장의 명성과 너무도 잘 어울렸다. 매장 근처의 파이크 플레이스 수산시장은 상인들이 진열된 생선을 계산대 쪽으로 던지는 익살스러운 장면으로 유명하다.

파트너들의
비즈니스 참여

스타벅스 경영진은 반드시 파트너의 생각과 제안을 듣고 이에 응답한다. 이러한 관심 덕분에, 파트너가 고객으로부터 전달받은 의견을 기초로 신제품 아이디어를 제안하는 경우도 많다. 제품 개발 및 서비스 확장에 참여하게 됨으로써 파트너들은 회사의 미래를 위해 적극적 으로 행동한다. 스타벅스의 모든 사람들은 본사의 지시를 기다리기보다, 고객의 요구를 충족시키고 또 이를 능가하는 새롭고 더 나은 아이디어를 찾기 위해 솔선수범한다.

파트너가 스타벅스 제품의 개선을 위해 제안하는 일은 전 세계의 모든 스타벅스에서 볼 수 있는 모습이다. 일본 도쿄의 음료 및 원두 팀 매니저인 다이 이치가와는 일본의 대중적 디저트인 젤리를 프라푸치노에 더하면 어떨까 하고 생각했던 전임 점장(현재는 커피 전승 팀 매니저) 히로미츠 하타 이야기를 꺼냈다. "제가 지역매니저였을 당시, 히로미츠는 매장 뒤편에서 커피 젤라틴 제품을 가지고 씨름하고 있었죠. 그는 저에게 그 제품을 보여줬고, 우리는 다음 여름에 그 제품을 시험 삼아 선보이기로 결정했어요. 그 결과는 성공적이었죠. 우리는 일본 전역에 그 제품을 대대적으로 시판했어요."

일본의 모든 스타벅스 매장에 커피 젤리 프라푸치노가 등장했을 때는 사실 꽤 많은 공임을 들여야 하는 음료였다. 다이는 다음과 같이 설명한다. "처음에는 매장에서 직접 젤리를 만들었어요. 커피를 내리고, 커피 젤리를 깍두기 모양으로 썰고, 커피 프라푸치노 바닥에 깔았지요. 나중에는 이 여름 음료를 좀 더 쉽게 만드는 방법을 찾았고요." 시장에 가고, 젤라틴을 사고, 매장에서 신제품을 만드는 등 히로미츠가 할 일이 너무 많았다. 그러나 그는 간단히 대꾸한다. "당연히 해야 할 일이죠. 여긴 내 회사니까요."

이 아이디어를 왜 지역매니저와 공유했는지 묻자, 히로미츠는 "그가 내 생각을 듣고 그게 고객을 위해 좋은 일인지 결정해줄 거라는 걸 알고 있었으니까요"라고 대답했다. 스타벅스의 리더는 파트너들이 회사의 개선과정에 참여하길 기대하며, 파트너가 자신이 제안한 아이디어가 중요한 고려대상이 된다고 느끼도록 문화를 만들어간다.

고객의 삶을 더욱 편리하게 할 방법을 찾는 데 집중할 때, 비즈니스는 끊임없이 개선된다. LA의 지역매니저인 디나 캠피온(스타벅스 프라푸치노의 개발에도 일조했다)은 고객 편의라는 관점에서 드라이브-인 시스템을 강조한다. "이것은 전적으로 파트너들이 고객의 요청을 경청하여 만든 일입니다. 사람들이, 특히 여성 고객들이 차를 타고 지나가면서 커피를 받을 수 있으면 좋을 것 같다고 이야기했지요. 제가 담당했던 지역은 여성 고객이 높은 비중을 차지합니다. 대부분 20대 중반에서 30대 후반 사이이고, 자녀가 있어요. 차에 두 명의 아이를 태우고 와서 매장으로 들어와 커피를 가져가는 건 꽤나 성가신 일일 수 있지요. 궁극적으로 우리는 고객의 소리에 귀 기울임으로써 드라이브인의 편리함을 제공할 수 있었습니다. 비즈니스에도 커다란 효과가 있었고요."

지역사회에
관여하라

지역사회 참여는 다양한 방식으로 이루어질 수 있다. 가령 만남의 장소를 제공하거나, 지역사회 이벤트를 지원하거나, 지역사회 관련 활동에 자원봉사로 참가하는 방법 등이 있다. 스타벅스 리더들은 모든 형태의 참여를 권장하고 지원한다. 스타벅스 점장인 네리다 헤르난데즈는 스타벅스 파트너로서 자신들의 재능과 영업공간을 지역사회에 제공하는 일을 실천했다.

"매장에서 '스타벅스 음악의 밤'이라는 행사를 열었어요. 누구나 마이크를 잡을 수 있는 시간이었죠. 우리 파트너 몇몇과 지역주민들이 함께 연주를 했어요. 처음엔 매장 게시판에 알리면서 작게 시작했는데, 어느덧 큰 이벤트가 됐어요. 음악의 밤에 대한 고객들의 호응은 폭발적이었어요. 원래는 한 달에 한 번씩 열리던 행사였는데, 더 자주 해달라는 요청이 쇄도했죠. 모든 세대가 즐겁게 어울릴 수 있는 그런 시간이었죠. 물론 우리가 음식과 음료 샘플을 제공하고요."

다른 스타벅스 파트너들도 자신이 속한 매장을 통해 지역사회의 요구사항들을 찾아내곤 한다. 지역사회는 이러한 파트너들의 노력에 진심 어린 감사를 보낸다. 오하이오 주 콜럼버스의 과학기술교육센터에서 일하는 로빈 존스는 자신과 동료들에게 스타벅스 파트너가 좋은 영향을 미친다는 점을 실감했다.

로빈은 다음과 같이 말했다. "우리는 지역 내 미취업자와 불완전고용자들을 대상으로 무료 교육을 진행했습니다. 우리 센터는 시내 한복판에 자리 잡고 있었어요. 학생들 대부분이 노숙자였죠. 먹을 것이 없어 굶은 채로 수업에 오는 학생이 많았고요. 개중에는 교육장에서 하루 종일 머무는 이들도 있었어요. 오로지 스타벅스 파트너들이 기부한 음식을 먹기 위해서 말이에요."

스타벅스 지역사회 관계 및 기부 부서의 이사인 로렌 무어도 자신의 의견을 나누었다. "지대한 영향을 미칠 수 있는 우리 사람들과 우리 제품, 우리 브랜드의 힘. 바로 우리가 줄 수 있는 것들이죠. 우리 파트너들과 함께할 만한 프로그램을 찾으면 바로 자원봉사의 기회가 되는 겁니다. 이를 통해 우리 파트너들은 지역사회 활동에 적극적으로 참여할 수 있지요."

당신이 하는 일이 무엇인지는 중요하지 않다. 사람은 누구나 변화의 주체가 되길 원한다. 리더가 비즈니스와 지역사회 모두에 영향을 미칠 아이디어를 공유하고 참여를 장려할 때, 직원들은 더 밀접하게 더 효과적으로 지역사회에 다가갈 수 있는 기회를 얻을 수 있다.

 성공적 비즈니스를 위한 경험 만들기

- 지역사회의 이익이나 상호 비즈니스적 이익을 위해 당신과 함께할 만한 사람은 누구입니까?
- 당신이 일터에서 놓친 기회는 무엇입니까?
- 당신은 어디에 열정과 헌신을 쏟을 수 있습니까?

5Be를 일상으로 만들어라

〈그린 에이프런 북(Green Apron Book)〉과 5Be는 스타벅스의 핵심가치를 반영하고 있다. 많은 기업이 이러한 가치들을 사무실 벽에 붙어 있는 액자 정도로만 생각한다. 하지만 스타벅스에서의 기업가치는 일상에서 숨 쉬고 있다. 리더들은 5Be를 완벽히 체득했고, 스타벅스 문화에도 5Be가 자연스럽게 녹아 있다. 스타벅스의 경영진은 비즈니스와 파트너들을 이끌어가는 데 본보기가 얼마나 중요한지를 이해하고 있다.

스타벅스의 사장이자 CEO였던 오린 스미스의 퇴임식에서, 후임자인 짐 도널드가 오린에 대해 이렇게 말했다. "만약 여러분이 5Be, 즉 '환영, 감동, 배려, 지식, 함께'의 특징을 이해한다면 (…) 오린이야말로 속속들이 5Be 그 자체라는 사실을 알 수 있을 것입니다. 오린을 위해 우리가 할 수 있는 가장 큰 일은, 그의 유산을 이어받아 5Be가 언제나 일상에서 그리고 우리의 일터에서 살아 숨 쉬게 하는 것입니다. 우리의 일터는 당장 우리가 사는 동네일 수도 있고, 미국이나 캐나다, 혹은 우리가 진출한 시장 어디라도 될 수 있습니다. 우리가 오린에게 건넬 수 있는 최고의 찬사는 이것입니다. 우리는 이 빛이 영원히 꺼지지 않도록 해야 합니다."

스타벅스의 리더들은 조직 내 모든 직급에서 '자신의 것 만들기'를 실천할 수 있도록 불을 밝히고 있다. 스타벅스 경험과 직원의 권한위임에도 이 개념이 녹아들어 있다. 스타벅스의 5Be가 얼마나 대단한 힘을 지니고 있는지는 이미 잘 알려져 있다. 플로리다 주 잭슨빌에 위치한 듀발 공립학교의 지역교육감인 테레사 스탈만 박사는 다음과 같이 말했다. "〈그린 에이프런 북〉의 기본을 그대로 가져와 우리의 교육사업에서 그대로 적용해봤습니다. 스타벅스의 5Be는 학교 리더들이 모든 일을 더욱 효과적으로 할 수 있는 틀을 잡는 데 큰 도움이 되더군요."

스타벅스와 듀발 공립학교에는 '그들만의 것 만들기'가 존재한다. 자, 그렇다면 당신의 회사에서는 5Be가 어떻게 적용될 수 있을까?

☕ 음미해 볼 스타벅스 경험

모든 직원들이 비즈니스의 우선순위를 이해하고 개인의 창의성과 열정을 회사의 목표를 달성하는 데 쏟을 때 회사는 이익을 얻는다.

- 스타벅스는 환영을 통해 고객이 기꺼이 들어오고 싶은 마음이 들게 하고 언제든 다시 매장을 찾을 수 있도록 한다.

- 감동을 준다는 것은 접촉, 발견, 반응을 의미한다.

- 경청은 고객과의 관계를 만드는 첫걸음이다. 기업은 각 고객의 요구사항과 상황을 알아야 하고 이러한 요구사항을 만족시킬 수 있는 방법을 찾아야 한다.

- 배려란 단순한 공손함보다는 타인의 욕구를 명확하게 아는 한편 원-윈의 상황을 창출해내는 것이다. 상대방의 요구에 관심을 가진다는 점을 행동으로 보여줄 수 있어야 한다.

- 지식을 갖추고, 하는 일을 사랑하라. 그리고 자신의 지식을 타인과 나누어라.

- 함께하라. 매장이나 회사에서, 그리고 넓게는 지역사회와 국가에서.

스 타 벅 스 경 험 마 케 팅

제 2 장

모든 것이 중요하다
EVERYTHING MATTERS

"접촉, 미소, 친절한 말 한마디, 경청하는 귀,
진심 어린 칭찬, 혹은 최소한의 배려심 있는 행동….
삶을 완전히 뒤바꿔 놓을 수 있는 잠재성을 지닌
이 모든 것들의 힘을, 우리는 너무나도 자주 과소평가한다."

- 레오 버스카글리아 -

하워드 슐츠는 "소매업은 상세하다(Retail is detail)"라는 말을 좋아한다. 사실, 모든 비즈니스가 소소한 사항들에 집중해야 한다. 세부적인 사항이 과장되거나 간과될 때, 굉장히 참을성이 많은 고객까지 실망하거나 대가를 지불해야 할 일이 생기고 만다. 불행히도, 자신의 불만을 경영진에게 직접 전달하는 고객은 극소수에 불과하다. 대부분 그저 다른 매장으로 가버리면 그만이다. 혹은 자신이 어렵게 번 돈을 경쟁사에 쓰거나, 자신의 불만을 가족과 친구들, 지인들에게 퍼뜨린다.

고객 경험을 통해 '내면(보이지 않는 면)'과 '외면(고객이 직접 맞닥뜨리는 면)' 둘 다를 살피지 않으면 현재의 성공은 금방 추락해버릴 수 있다는 점을 스타벅스의 리더들은 잘 이해하고 있다. 다소 불공평하게 보일 수도 있지만, 비즈니스 세계에서는 실로 '모든 것이 중요하다'. 어떤 건 별것 아니라고 간과하는 순간 일이 꼬일 수 있다.

우연이 아닌, 디자인에 의해 탄생하는 세부사항에 집중하라

스타벅스의 성공 신화는 고객이 중요하게 여기는 아주 작은 세부사항들까지 신경 쓰는 파트너들의 놀라운 능력과 일정 부분 연결되어 있다. 한마디로 요약하자면, 스타벅스의 경영진은 물리적 환경의 중요성, 제품의 품질, 직원을 위한 우선순위의 필요성, 그리고 더 큰 세상에서 기업 명성의 중요성, 심지어 기업문화의 재미 등 다양하고 세세한 부분들까지 신경을 기울일 줄 안다. 훌륭한 커피는 스타벅스 성공 요인의 작은 일부일 뿐이다.

스타벅스의 사장 겸 CEO인 짐 도널드(Jim Donald)는 이렇게 말한다. "우리는 커피에 대한 실망을 줄 수 없습니다. 밤낮을 가리지 않고 일관성 있게 세부사항들에 신경을 쓰고 있습니다." 이 말은 스타벅스의 정신을 잘 드러낸다. 고객이 방문했을 때 경험하게 되는 모든 것에 관하여 세심한 노력을 기울여야 한다는 뜻이다. 스타벅스의 이러한 노력은 이 책의 무대가 된 물리적 환경에서 발견할 수 있다. 이러한 이유로 제3의 장소(가정이나 직장 이외의 장소로, 휴식을 취하거나 지역사회의 일부처럼 느껴지는 곳-옮긴이)를 창조하거나 최고의 품질 및 서비스를 보장하고 보람 있는 기업문화를 창조하는 등 커피에 닿는 비즈니스의 모든 측면들 하나하나가 최고의 기준을 반영해야만 한다.

모든 것이 중요하다: 스타벅스 경험을 위한 환경 창조하기

고객은 모든 것에 주목한다. 그리고 회사의 모든 임직원이 사소한 것은 없다는 사실을 이해할 때 경쟁우위를 점할 수 있다. 스타벅스의 리더들은 일찍이 이 사실을 깨닫고 비즈니스 전략을 꼼꼼하게 수행하는 고통을 감내했다. 마지막 원두 한 알부터 구석구석 매장 디자인까지 완벽하게 지칠 줄 모르고 신경을 썼다. 따뜻하고 친밀한 분위기가 잘 어우러지는지 일일이 확인하면서 수없이 검토했다.

비즈니스의 효율성을 개선하기 위한 비영리 교육기관이자 연구단체인 '기업 디자인 재단(Corporate Design Foundation)'은 다음과 같은 글을 발표했다.

스타벅스 열풍은 제품의 품질뿐 아니라 커피 구매를 둘러싼 전체적인 분위기로 인해 비롯되었다. 매장 공간의 개방성, (…) 관심을 끄는 메뉴보드, 카운터의 모양, (…) 청결한 매장바닥까지, (…) 스타벅스는 일찍부터 깨달았지만 후발주자들은 그렇지 못했던 사실이 있다. 커피를 팔려면 제품 이상의 것을 제공해야 한다는 점이다. 총체적인 경험의 세세한 사항들이 모두 중요하다. (…) 냅킨에서 커피봉지까지 매장 전면에서 창가 쪽 자리까지, 연례보고서에서 주문카탈로그까지, 테이블 상판에서 보온병까지 모든 것이 (…) 스타벅스의 본질과 진심을 담고 있다.

스타벅스의 최고 경영진은 처음부터 매장의 분위기가 성공의 관건이라는 점을 꿰뚫고 있었다. 1991년부터 스타벅스는 사내에 건축가와 디자이너 그룹을 조직하여 각각의 매장이 일관된 이미지와 특성을 보여줄 수 있도록 노력했다. 한편 디자이너들은 매장의 구조를 다양하게 도입해 볼 수 있는 재량권을 받았다. 교통량이 많은 지역과 사람들 눈에 잘 띄는 지역의 주요 매장부터 슈퍼마켓과 건물 로비의 가판매장에 이르기까지 광범위한 형태의 매장이 들어섰다. 스타벅스는 차세대 스타벅스 매장에 대한 비전을 실현하기 위해 '미래의 매장' 프로젝트 팀을 조직하여 매장 디자인을 한 단계 업그레이드시켰다. 스타벅스 경영진은 현재의 세부사항에 집중할 뿐만 아니라, 미래의 세세한 요구사항까지 예측하기 위해 힘쓰고 있다.

디자이너들은 스타벅스에 입사하자마자 매장 카운터에서 일하는 과정을 거쳐야 한다. 고객과 바리스타들의 요구에 부합하는 매장 디자인을 알아야 파트너들의 일터를 심미적이고 기능적인 공간으로 만들 수 있기 때문이다. 핵심 디자인 인력과 기획자야말로 고객의 요구를 가장 잘 파악할 수 있다는 점을 알고 있는 기업은 〈포춘〉지에서 선정한 500대 기업 중에서도 드물다.

이러한 노력이 있을 때, 기업과 고객 모두 만족스러운 결과를 얻는다. 프랑스의 카푸친느 매장의 경우, 디자인 팀 멤버들은 프레스코 벽화와 금 구슬 장식, 크리스털 샹들리에, 대리석 기둥이 있는 우아한 19세기 천장을 그대로 두기로 결정했다. 천장은 지역계획법의 보호를 받지 않지만, 스타벅스 경영진은 역사적인 의의가 있는 독특한 매력 포인트를 파리지엥의 스타벅스 경험 속에 녹아내는 게 중요하다고 판단했다.

고객과의 특별한 유대를 유지하기 위해, 스타벅스는 매장 환경의 모든 사항을 점검하고 개선할 수 있는 방법을 지속적으로 모색한다. 스타벅스는 처음에 단순히 안락한 분위기를 조성하려는 목적으로 음악을 틀기 시작했다. 과거 스타벅스 점장이었던 티모시 존스는 스타벅스 '히어 뮤직(Hear Music)' 부서의 프로그래밍 매니저로 옮겨오면서 음악을 더 높은 차원으로 끌어올리는 책임을 맡게 되었다. 단순히 배경음악으로 그치는 것이 아닌, 그야말로 독특한 스타벅스 경험을 창조하기 위해 음악을 중요한 요소로 다루었다.

한때 음반가게를 운영했던 티모시는 스타벅스 매장에서 보내는 고객의 시간을 더욱 가치 있게 만들기 위한 방안을 적극적으로 탐색했다. 그는 자신의 일에 열정이 있다. "경영진의 격려를 받으며 매장용 음악 리스트를 만들기 시작했습니다. 고객맞춤형 선곡이 고객 경험에 독특하고 따뜻하며 일관된 가치를 제공할 수 있다는 생각에서 출발했지요. 윗분들은 커피 를 위해 매장을 찾는 고객들에게 우리가 더 많은 걸 제공할 수 있다고 생각하신 것 같아요. 고객을 즐겁게 하고, 새로운 아이디어나 방법과 같은 영감을 얻게 도와준다면 매장이 그냥 커피 한 잔 말고도 다른 이유로도 찾고 싶은 공간이 되겠죠." 다시 말해 '또 다른 이유로 다시금 찾고 싶은' 고객경험을 만들어야 하는 것이다.

티모시는 이를 위하여 스타벅스 매니저들이 고객경험을 위한 세세한 사항에 흔들림 없이 몰입하는 모습을 이야기해주었다. 스타벅스가 제공하는 음악 패키지와 관련된 것이다. "우리는 아주 사소한 것까지 생각합니다. 우리 고객들은 편집 CD를 사서 스타벅스에서 듣던 음악을 집에서도 즐길 수 있지요. 우리는 CD를 종이로 된 케이스에 담습니다. 종이는 플라스틱보다 부드러운 느낌을 주기 때문에 꽤 매력적인 재질이에요. 케이스에 예술적 요소를 많이 가미하여 최대한 아름답게 보일 수 있도록 만전을 기합니다. 종이는 스타벅스와 잘 어울려요. 플라스틱은 영 아니지요. 종이, 재활용 판지

야말로 스타벅스 아니겠어요?"

그렇다, 세세한 게 중요하다. CD 포장재질의 선택까지도 철저해야 한다. 세부적인 것까지 완벽하게, 그리고 세부사항들을 정교하게 조합해야 한다. 고객이 경험하는 모든 것들이 모여 스타벅스의 정체성을 만들어내기 때문이다.

스타벅스 브랜드는 단순히 고객의 호기심을 유발하는 제품 소개 이상의 의미를 지닌다. 신제품은 고객이 아는 지식과 회사에 기대하는 심리에 부합하는 방식으로 시장에 선을 보여야 한다. 이에 대해 티모시는 다음과 같이 말한다. "우리는 파트너들이 고객에게 음악을 사라고 권유하는 것을 바라지 않습니다. 그런 행동을 고객이 좋아할 리가 없으니까요. 오히려 귀찮아하겠죠. '오늘은 라떼와 함께 저희가 준비한 CD를 구입해보시면 어떨까요?'라는 말을 듣고 싶어하는 사람이 어디 있겠습니까? 그런 말은 제3의 장소나 커피하우스, 또는 스타벅스 경험에도 어울리지 않습니다. 네, 우리는 제품을 판매합니다. 하지만 그 제품이란 환경과 조화를 이루어야 하지요. 예를 들어, 우리가 딘 마틴의 CD를 준비했다고 가정해봅시다. 그렇다면 고객이 경험하는 나머지 요소들과 일관성을 이루어야 합니다. 매장에 〈That's Amore(이탈리안계 미국 발라드 가수였던 딘 마틴의 노래-옮긴이)〉가 흐르는 가운데 그 CD가 눈에 들어오는 편이 훨씬 효과적이지요."

매니저는 카운터 바깥쪽의 모든 것을 살피면서 고객의 입장을 헤아리도록 항상 노력해야 한다. 이러한 시각으로 인해 오늘날 스타벅스는 가치 있는 브랜드가 될 수 있었다. 항상 경계를 늦추지 않는 스타벅스의 세심한 배려가 매일 스타벅스 매장에 들어서는 수백만 고객들에게 잊을 수 없는 기억을 선사한다. 스타벅스 리더들은 자신이 아무리 오랜 경력을 갖추고 있다 해도 결국은 현재와 미래에 세부적인 사항들을 조화롭게 운영할 수 있는 능력으로 평가를 받는다는 사실을 잘 안다. 사소한 실수 하나가 훌륭한 브랜드에 치명적인 오점을 남기는 경우는 허다하다.

스타벅스 사람들이 실천하는 첫 번째 원칙이 '5Be'로 대변된다면, 두 번째 원칙 '모든 것이 중요하다'는 매일 반복되는 매장 운영에 있어서 확실한 과정과 절차가 중요함을 강조한다. 이는 고객이 어느 스타벅스 매장을 가든 일관성을 느낄 수 있어야 한다는 의미다.

이상적인 환경을 조성하려면 고객경험에 일정한 틀을 제공하는 엄격한 품질관리가 중요하다. 고객이 모든 매장에서 일관된 품질을 보장받을 수 있도록, 스타벅스가 어떤 조치를 취하고 있는지 바리스타 메레디스 코타스의 설명을 들어보자. "우리에겐 기본적인 인력배치 방식이 있고, 모두가 그 방식을 잘 알고 있습니다. 파트너 A는 카운터, 파트너 B는 바에 자리하고, 파트너 C는 매장 이곳저곳을 살피고 대기라인이 길 때는 음료를 만들기도 합니다. 스타벅스 전 매장이 이렇게 하고 있습니다. 체크리스트도 있는데, 상시 점검해야 할 사항들이 모두 적혀 있어요. 카운터 청소하기, 서빙 준비가 확실히 됐는지 확인하기, 집기류 소독하기, 빵 접시 항상 깨끗하게 유지하기 등이죠. 점장님이 체크리스트를 항상 강조하고 있어서 이젠 다들 리스트를 외울 정도랍니다. 이론상, 추출한 커피는 컨테이너 안에 그대로 두어도 다섯 시간 동안 품질이 유지됩니다. 하지만 우리는 온도와 신선함을 유지하기 위해 한 시간마다 새 컨테이너로 커피를 추출합니다. 고객에게는 가장 신선한 커피를 제공하지요."

고객은 사소한 실수 정도는 신경 쓰지 않는다고 생각하고 있나요? 천만의 말씀이다. 메레디스는 어떤 고객의 사례를 예로 들었다. "한 번은 바리스타 한 명이 타이머 체크하는 걸 깜빡했어요. 그는 한 시간에 한 번씩 추출하는 걸 잊었고, 추출한 지 한 시간 하고도 10분이 지난 커피를 내놓았어요. 그 커피를 받은 분은 단골고객이었는데, 맛의 차이를 금세 알아챘죠. 정말로 커피를 즐기고 잘 아시는 고객은 우리가 세심한 것 하나하나까지 신경 쓴다는 걸 아신답니다." 세부적인 것에 집중하는 것은 모든 비즈니스의 핵심이다. 사소한 것, 그러나 고객에겐 중요한 것을 놓친다면, 고객이 원하는 경험을 제공할 수 없다. 이러한 부주의에 실망한 고객은 그 길로 다른 경쟁사를 향해 발길을 돌려버릴 것이다.

스타벅스의 경영진은 엄격한 품질관리 측정도구가 있어야 파트너들이 특별한 경험을 전하는 새로운 방법을 모색하는 수고를 덜어줄 수 있다는 점을 간파했다. 메레디스는 이렇게 말한다. "저는 파트너 중 한 명이 10분에 한 번씩 매장을 점검하는 제도가 특히 마음에 들어요. 덕분에 카운터 밖으로 나와서 모든 게 청결하고 질서 정연하게 정리돼 있는지 확인할 수 있고, 고객들과 좀 더 가까워질 기회도 되죠. 저도 그런 적이 있어요. 어떤 고객이 에스프레소 더블 샷을 떨어뜨렸을 때였죠. 전 잔을 주워 들고는 '새로 만들어드릴게요'라고 말했어요. 그분은 '괜찮습니다. 거의 다 마셨어요'라고 하시더군요. 전 우겼죠. '아니에요, 새로 만들어드릴 테니 가져가세요' 저는 새 음료를 만들어 그분께 드렸어요. 그분은 무척 놀라더니, 이렇게 말씀하시더라고요. '이래서 내가 스타벅스 커피를 자꾸 마시게 된다니까.'" '모든 것이 중요하다'는 생각이 고객과 감정적으로 강한 유대를 맺게 하고, 고객이 이 회사의 성공에 일조하고 싶은 마음이 들게 한다.

🔍 성공적 비즈니스를 위한 경험 만들기

- 당신과 당신의 비즈니스는 당신이 창조하고 싶은 경험의 세부사항에 얼마나 주의를 기울이고 있습니까?
- 어떤 부분에서 꼼꼼하면서도 일관된 실행을 하면 사람들이 당신 회사의 주주가 되고 싶어 할까요?
- 당신이 고객의 입장이었을 때를 떠올려보십시오 제품의 품질은 아무런 문제가 없었으나 세부사항이 간과되어 기분이 상한 적은 언제였습니까?
- 고객의 경험에 더욱 가까이 다가가기 위해 당신은 무엇을 할 수 있나요?
- 놓치기 쉬운 사소한 것들을 주의할 수 있도록 돕기 위한 품질관리 장치는 무엇이 있습니까?

세부적인 것들을 비즈니스에 대한 '체감'으로 수렴시켜라

어떤 느낌인지는 알겠는데 왜 그처럼 특정 방식으로 느껴지는지 구체적으로 설명할 수 없을 때가 종종 있다. '광범위한 감성적 반응'이라는 말로 표현할 수 있다. 심리학자인 유진 젠들린 박사는 베스트셀러 저서인 《의미의 경험과 창조(Experiencing and Creation of Meaning)》에서 이 일반적인 정서적 반응을 설명하면서 "체감(felt sense)"이라는 용어를 만들어 냈다. 하나의 체감은 궁극적으로 우리의 의식 저편 어딘가에 숨어 있는 무수한 작은 요소들이 모인 결과다. 예를 들어, '아이스크림''이라는 단어와 '식초'라는 단어는 구체적인 것까지 떠올리지 않아도 그 자체로 체감이 매우 다르다.

스타벅스 이야기로 돌아가자. 파트너와 고객, 다양하고 수많은 사람들이 이 브랜드와 매장에 대해 같은 느낌을 갖는다. 사람들은 스타벅스 경험이 언제나 따스하고 편안하며 즐겁다고 생각한다. 왜 이러한 '직감적 반응'이 오는지에 대해 깊이 생각해보는 사람은 별로 없을 것 이다. 그러나 한편으로는 자신의 긍정적인 정서반응을 이끌어내는 세세한 사항들을 정확히 짚어내는 이들도 있다.

오하이오 주 콜럼버스의 한 바리스타의 설명이다. "우리는 분위기에 신경을 많이 써요. 배경음악, 기분 좋은 색상, 안락한 가구, 적당한 조명밝기 등에 일일이 주의를 기울이지요. 테이블도 깨끗하게, 카펫에도 부스러기가 없도록 만전을 기하고요. 고객이 음식을 먹고 있는 동안은 어쩔 수 없지만요. 특히 아이들과 패스트리 빵이 있는 자리는 치울 수가 없어요. 저는 매장이 고객을 환영하는 따뜻한 분위기를 유지할 수 있도록 본분을 다합니다. 제가 있는 매장이 고객에게 언제나 열려 있는 유쾌한 곳이면 좋겠어요. 우리의 세심한 정성이 손을 뻗어 '들어와서 잠시 쉬세요'라는 메시지를 보내면 좋겠습니다."

고객은 매장의 분위기에서 느껴지는 세심한 정성을 높이 평가한다. 스타벅스 고객인 베스 존스는 스타벅스가 짧은 휴가에 가 있는 듯한 느낌을 준다고 말한다. "편안한 분위기가 제가 스타벅스를 사랑하는 가장 큰 이유예요. 30분 이상 앉아 있어도 누구 하나 나가라고 하거나 눈치를 주지 않아요. 제가 아는 어떤 도넛 매장하고는 정반대죠. 스타벅스는 각별한 지인과 대화를 나누거나, 오랜 친구를 만나거나, 직장에서 받은 스트레스를 풀기에 그만인 곳이에요. 디즈니 월드에 매일 갈 순 없는 노릇이니, 스타벅스야말로 저에게 허락된 사치인 셈이죠."

자신이 누릴 수 있는 사치라는 느낌이든 다른 종류의 감정적 반응이든 고객들은 저마다 한 기업이 제공한 환경으로부터 세부적인 특징들을 도출해낸다. 레슬리 앨터라는 고객은 기분전환이 되어 스타벅스의 분위기를 즐긴다고 이야기한다. "스타벅스는 조용한 곳이 아니에요. 그래서 여기에 오죠. 조용한 곳이 좋다면 그냥 집에 있으면 돼요. 전 음악이 좋아요. 시끌벅적한 소리도 좋고, 여기 분위기가 좋아요. 사람들 수다 떠는 소리, 기계 돌아가는 소리, 매장 안에 흐르는 음악…. 심지어 매장마다 미묘하게 다른 점까지 알아챌 수 있어요."

레슬리가 언급한 차이점은 스타벅스 경영진이 의도한 바와 같다. 매장 디자인의 환경적 요소를 지역적 특성과 적절히 결합하여 일관성을 주면서도 개성이 드러나도록 했다. 《전략경영(Strategic Management: Concepts and Cases)》이라는 책에 이에 대한 설명이 나와 있다.

스타벅스의 경영진은 각각의 매장을 회사의 간판이자 회사 브랜드와 이미지를 구축하는 데 기여하는 특별한 존재로 여긴다. 매장의 분위기를 최상의 컨디션으로 유지하기 위해 모든 것이 '최고

수준'임을 약속하고, 지역사회와 이웃의 개성을 반영할 수 있도록 세부적인 사항들 을 하나하나 면밀하게 검토한다. 이들이 내세우는 가치는 '모든 것이 중요하다'는 점이다. 스타벅스는 매장 시설, 제품 진열, 색상, 장식, 간판, 음악, 향기가 조화를 이루어 일관되고 매혹적이면서 자연스럽게 커피와의 로맨스를 꿈꾸게 하는 환경을 창조한다. 커피에 대한 회사의 열정을 상징적으로 보여주고, 고객에게 정중한 대우를 하고, 여러 가지의 놀라운 서비스로 보답하려는 노력도 게을리 하지 않는다. 스타벅스는 우수한 디자인과 '도시 내 공간의 감각적 재사용'으로 시닉 아메리카(Scenic America) 상을 수상하여 지역사회 보존 문제에 세심함을 인정받았다.

스타벅스의 고객인 데빈 페이지는 "스타벅스는 커피를 팔지 않는다 해도 (환경의 중요성을 보여주는 것만으로도) 훌륭하게 운영될 수 있을 겁니다"라고 말한다. "입장료를 받고 감미로운 밥 말리의 음악이 은은하게 흐르는 공간 외에 아무것도 제공하지 않는다 해도, 사람들은 스타벅스를 찾을 겁니다. 스타벅스는 자신이 자리해야 할 장소를 잘 압니다."

고객들이 의식적으로는 세부사항들을 눈치채지 못 하더라도 바로 그 세부사항들(제대로 다루어졌든 그렇지 않든)이 회사에 대한 인상과 직결되는 경우가 많다. 훌륭한 리더는 자신의 비즈니스가 제공하는 체감을 극대화할 방안을 모색한다. 그들은 파트너들이 사소하지만 중요한 세부사항을 놓치지 않고 실행하도록 독려함으로써 고객에게 최선의 서비스를 제공하도록 돕는다.

품질에 대한 원칙은 절대 무시하지 마라

스타벅스 경영진의 관점에서 생각하면, 품질에 관한 한 '모든 것이 중요하다'는 원칙이 비즈니스의 명성에 가장 큰 영향을 주는 요소다. 일부 기업의 경영진들은 자기 브랜드나 명성을 깎아내리지 않고도 지름길로 갈 수 있다고 생각한다. 특히 보이지 않는 영역에선 더욱 그러하다. 그러나 이는 커다란 착각이다.

간단히 말하겠다. 꼼수는 십중팔구 실패한다. 어떤 부자가 건축가에게 예산을 아낌없이 쏟아 부어 저택을 지어달라고 부탁했다. 집을 짓는 동안 부자는 다른 나라로 여행을 가버렸다. 건축가는 조악한 자재로 내부구조를 짓고 좋은 자재로 외관을 덮기로 했다. 고급스러운 겉모양을 핑계로 집주인에게 돈을 많이 뜯어낼 작정이었던 것이다. 부자가 돌아와 집을 보았다. 그는 집이 너무나 아름답다며 칭찬을 하고는 건축가에게 말했다. "내가 살기엔 너무 멋진 집이군. 여기, 열쇠를 받게나. 수고한 자네가 여기서 살아."

스타벅스에는 숨겨진 조악한 재료 따위가 존재하지 않는다. 오히려 품질을 유지함으로써 놀라운 성공을 일군 회사의 전형이다. 스타벅스의 경영진은 회사가 제공하는 제품의 품질에 높은 자부심을 갖고 있다. 그들은 사명 선언서에 나오는 품질에 대한 요구를 항시 떠올리면서 우수성을 유지하기 위해 열정을 받친다. 스타벅스의 사명 선언서에는 파트너들이 "커피의 구매, 로스팅 그리고 서비스에 대해서 가장 엄격한 기준을 적용"해야 한다고 적혀 있다.

이를 위해 스타벅스는 품질기준을 만족시키고 현재의 수준을 능가하기 위해 필요한 일을 한다. 설령 그것이 '옛 방식'을 버리는 일이 된다 해도 주저하지 않는다. 스타벅스는 커피의 로스팅 과정과 신선도를 일관성 있게 유지하기 위한 기술과 시스템을 지속적으로 연구·개발 중이다. 이러한 품질 및 서비스 혁신에 의해 스타벅스가 폭넓은 고객층을 확보하고 국내외 시장으로 뻗어나갈 수 있었다.

스타벅스가 이룬 혁신의 상당수는 미국 워싱턴의 켄트 로스팅 공장에서 근무하는 헌신적인 파트너들의 노력 덕분이다. 다음은 당초 로스팅 공장이었던 이곳의 커뮤니케이션 코디네이터인 톰 월터스의 설명이다. "제가 입사한 1982년부터 지금까지, 스타벅스는 오로지 신선함만을 추구해왔습니다. 특제커피가 시장 점유율 1퍼센트에 불과했던 당시에도 우린 특제커피를 팔고 있었습니다. 에스프레소 머신보다 비행기를 소유한 사람이 더 많았을 때였어요. 1987년까지는 대량판매용 커피가 2킬로그램 들이 종이봉투에 담긴 채 식당으로 팔려나갔습니다. 식당 선반에 7일씩 보관되는 건 예삿일이었지요. 스타벅스는 아주 작은 회사였습니다. 제 업무는 1968년산 소형 포드 밴을 몰고 시애틀 시내의 식당가에 종이봉투를 배달하는 일이었습니다. 저는 배달을 나갈 때마다 커피를 점검했습니다. 7일이 지난 커피는 무조건 아무런 보상 없이 반품 받아 오는 게 식당과의 계약조항이었거든요. 스타벅스는 식당이 신선하지 않은 우리 커피를 고객에게 내놓는 게 싫었어요." 톰은 스타벅스가 품질에 신경 쓰지 않고 '사소한 것들'에 주의를 기울이지 않았다면 시애틀 외의 지역으로 진출하는 건 꿈도 꾸지 못했을 거라고 덧붙였다.

스타벅스는 품질에 관한 유례없는 집착을 보였고, 이를 위해 금전적인 대가도 기꺼이 치를 준비가 되어 있었다. 지금은 켄트 공장에서 로스터로 일하는 톰이 우수한 품질을 유지하는 방법을 알려주었다. "자기 부피의 3~20배에 해당하는 향을 발산해야 신선한 커피라고 말할 수 있습니다. 커피를 추출할 때까지 향을 유지하기 위해 비용이 많이 듭니다. 제품의 10퍼센트 가량이 공장으로 되돌아왔어요."

많은 회사들이 반품률 때문에 쩔쩔매면서 포기해버린 반면, 스타벅스는 신선도를 유지할 수 있는 더 좋은 방법을 찾았다. "회사는 품질 및 제조 팀을 조직했어요. 회사와 팀이 함께 커피를 신선하게 보관할 수 있는 포장법을 개발했어요. 7일은 무리였지만 6일간은 신선도 유지가 가능한 포장법이었어요. 덕분에 스타벅스는 노스웨스트 전역으로 사업을 확장할 수 있었어요. 커피를 배송하고 분쇄 및 추출할 때까지 신선도를 유지할 수 없다면, 스타벅스 경영진은 사업 확장을 하려고 하지 않았을 거예요."

품질에 대한 열정과 혁신을 향한 노력 덕분에 스타벅스는 폐기되는 커피의 양을 줄일 수 있었고, 마침내 스타벅스 커피를 전 세계 어느 곳에나 신선하게 배달할 수 있었다. 때로는 포장재를 공급하는 업체에 현재의 기술을 능가하라고 닦달하기도 했다. 결국 포장재의 개선과 7센트짜리 밸브 등과 같은 작은 것부터 혁신이 일어났다. 봉투에 장착한 단돈 7센트짜리 밸브는 가스를 밖으로 배출시키는 한편 외부의 공기 유입을 막아 커피의 신선도를 오랫동안 유지할 수 있게 했다.

생산부문의 수석부사장인 리치 소더버그는 "'7일의 유통기간'에서 출발한, '커피의 오랜 신선도 유지'를 향한 여행에는 다년간의 세월과 어마어마한 혁신이 소요되었습니다"라고 전한다. "우리가 요구한 신선도에 부합하는 혁신을 감행할 수 없는 제조업체와는 관계를 끊어야 했어요. 한 단계 한 단계 밟을 때마다, 우리가 시장에서 가장 신선한 커피를 보유하게 될 거라는 확신을 다져야만 했고요." 그들은 세세한 혁신분야에 집중하는 데 많은 공을 들였다. "주도면밀한 계획을 세우고 아주 조심스러운 방법으로 접근했어요. 무엇보다도, 우리 파트너들의 헌신이 필요한 일이었지요. 포장용기가 공장에서 제대로 만들어지는지, 품질관리 인력이 신선도를 철저히 점검하는지 꼼꼼히 따져봐야 하거든요. 커피의 유통기간이 7일에 머물렀다면 지금과 같은 기업으로 성장할 수 없었을 거예요." 리치는 단언한다. "스타벅스의 성공은 고정관념에 도전하려는 의지, 혁신을 가능하게 하는 세부사항에 집중하는 것에서 시작되었다고 해도 과언이 아닙니다. 덕분에 회사가 확실한 경쟁력을 갖추게 되었으니까요."

세세한 것이 중요하다. 7센트 밸브에서부터 제조단계의 열정적이고 혁신적인 파트너에 이르기까지 품질과 혁신, 최소한의 비즈니스까지 초점을 맞춤으로써, 스타벅스는 불후의 브랜드가 어떻게 탄생하는지를 보여주었다. 이는 거시적인(전략적인) 단계의 경영뿐 아니라 미시적인(운영상의) 단계의 경영까지 통틀어 일컫는다. 훌륭한 리더는 큰 그림과 전략적 기회를 그리는 데 대부분의 시간을 보내는 한편, 회사의 제품과 서비스와 제조공정의 모든 면에 있어서 최고의 품질을 유지하기 위한 시스템과 교육도 간과하지 않는다.

때로는 회사가 규정하는 범위를 넘어서까지 세부사항이 관리되어야 한다. 고객이 동네 스타벅스에서 브랙퍼스트 블렌드의 첫 한 모금을 넘기기까지, 스타벅스 커피 구매 부서의 직원들은 질 좋은 커피를 개발하기 위해 여러 원산지를 돌아다니며 남몰래 기나긴 시간 동안 연구에 연구를 거듭했다. 커피의 질은 스타벅스 파트너와 커피농가의 관계에서부터 시작된다. 재배자가 스타벅스의 커피 구매자에게 고품질 커피를 제공할 수 있도록 신뢰관계가 형성되어야 한다. 높은 등급의 원두가 없으면 고객에게 고급커피를 제공할 수도 없다. 글로벌 커피 구매 부문의 수석 부사장인 더브 헤이는 이렇게 말한다.

"우리는 언제나 매우 꼼꼼한 점검과정을 거칩니다. 원산지로 간다고 해서 농장에서 커피를 구매하지는 않습니다. 우리는 커피농장에 갈 때마다 커피나무를 살펴보고 옵니다. 농장에서 맛을 보기는 하지만, 절대로 그곳에서 구매를 하진 않습니다. 우리가 통제할 수 있는 상태로 가져갈 수 있을 경우에만 구매를 한답니다. 언제나 이 원칙을 지키죠. 우선 실험을 해보고, 샘플링해보고, 또 다시 한 번 샘플링하고, 구매를 고려 중인 다른 커피와 비교해보는 과정을 꼭 거칩니다."

커피 외에도, 언뜻 보기엔 별로 상관이 없어 보이는 부분들까지 세세하게 고려된다. 모두가 현재와 미래의 커피 품질에 영향을 미치기 때문이다. 커피 부서의 전문가들이 특정 농장의 커피 맛이 훌륭하다고 판단한 것만으로는 부족하다. 그 농장 커피의 품질이 앞으로도 그대로 유지될 것인지, 공급업체의 비즈니스 경력이 스타벅스의 가치와 맞아 떨어지는지도 봐야 한다. 많은 기업 리더가 자기들은 공급업체의 행동에 아무런 책임이 없다고 주장하지만, 스타벅스 경영진은 이런 생각을 매우 근시안적인 사고라고 여긴다.

더브의 또 다른 설명을 들어보자. "커피의 품질이 전부는 아닙니다. 우리는 우리와 거래하는 사람들의 성품도 알기 위해 노력합니다. 그들이 앞으로도 우수성을 유지하기 위해 성실하게 헌신할 것인지가 관건이지요. 그래서 농장의 상태를 봅니다. 농부들이 환경을 어떻게 대하는지, 농장에서 일어나는 사회적인 상황들은 어떻게 다루는지를 중점적으로 봅니다. 해발고도는 얼마인가? 변종은 무엇인가? 그늘에서 경작하는가? 1 헥타아르(1만 평방미터) 당 수확량은 얼마인가? 농부들은 어떤 사람들인가? 농장과 강 사이에 완충지대가 있는가? 제분소가 있는가? 폐수는 어떻게 처리하는가? 공정에 필요한 물은 어느 정도로 책정하는가? 커피는 잘 자라고 있는가, 아니면 품질에 문제가 될 만한 사항이 있는가? 우리는 투명한 사람들을 원합니다. 커피 또는 일꾼들에게 보수를 제대로 지급하는지도 중요합니다. 이 모든 사항이 구매 이전의 고려 대상이 됩니다. 커피는 아무나 살 수 있지만, 커피를 구매하는 방식이 스타벅스를 특별하게 만드니까요."

더브 헤이를 비롯한 스타벅스 리더들에게, 품질은 오늘 구매할 수 있는 커피뿐 아니라 미래를 위해 맺어가는 관계에도 중요한 요인이다. 스타벅스가 농부들과 거래하며 지속적으로 제품의 질을 향상시킬 수 있는 건 모두 이런 관계 덕분이다. 스타벅스의 경영진은 눈앞의 이익에만 급급한 충동적인 의사결정을 지양하고 그 대신 장기적인 관계에 기초한 솔루션을 위해 신중한 평가를 한다.

본질적으로, 스타벅스는 좋은 비즈니스 관계가 장기적인 성장과 생존에 필수적이라고 믿는다. 상대방을 빈틈없고 세심하게 관리해야 궁극적으로 당신의 회사와 브랜드가 보호받을 수 있다. 잠재적인 비즈니스 파트너가 일을 어떻게 하는지 면밀히 살펴보면, 미래에 실패할 가능성이 있는 관계를 미연에 방지할 수 있다. 스타벅스의 커피 구매자들은 스타벅스가 오랫동안 고수해온 가치와 품질 우선주의에 맞지 않은 커피 농장에게 단호히 "아니오"라고 말한다. 단기적인 관점에서 보면 관계에 있어 일부 세부사항을 간과해도 될 것 같기도 하다. 그러나 회사의 존속 가능성, 사회적 요인들, 지속적인 전략적 파트너십이 정직하게 드러나지 못한다면, 주주와 파트너, 미래의 고객들은 불리한 입장에 놓이고 말 것이다.

목표의 우선순위를 매기고
고객 앞에서 그 목표를 지켜라

지금까지 논의한 세부사항(환경적 요인과 제품의 질)은 이미 수많은 비즈니스 리더들이 주목하고 있는 내용인지도 모른다. 그러나 다른 중대한 문제들은 자주 간과된다. 앞서 '지식을 갖추는 것'의 중요성을 이야기하며 언급했듯이, 보편적으로 교육 프로그램은 쓸모없다는 인식이 널리 퍼져 있다. 경기가 악화되거나 사업이 위태로워지면 교육훈련 예산부터 삭감되기 십상이다. 이렇게 재정문제를 단기적인 안목으로만 보면 회사의 장기적인 번영은 요원한 일이 되고 만다. 그러나 스타벅스의 경영진은 교육프로그램이 회사의 미래에 꼭 필요한 일임을 분명히 파악하고 있었다.

스타벅스는 지속적으로 교육 자원을 강화하고 완벽하게 다듬고 있다. 제품 지식 및 기계 작동법에 대한 교육은 물론이고, 파트너들이 주인의식을 가지도록 돕는 교육도 이루어진다. 앞 장에서 다루었던 첫 번째 원칙, "자신의 것으로 만들라"가 역동적이고도 생생하게 지켜지도록 하려면 교육은 어떻게 이루어질까? 슈퍼바이저와 점장, 기타 매니저들은 '고객의 이야기 탐색'이라는 과정에 참여한다. 매장에서는 실제 '고객의 소리'에서 발췌한 상황을 던져주고, 그런 상황에서 어떤 선택을 할 것인지 〈그린 에이프런 북〉에서 골라보라는 식의 파트너 교육을 한다.

예를 들어, 어떤 고객이 '고객의 소리'에 이런 사례를 남겼다고 가정하자. "지난주에 친구가 생일이라 스타벅스 카드(50달러)를 선물로 사주기로 했어요. 아내와 함께 매장에 들어서서는, 카운터로 가서 조심스럽게 친구에게 줄 50달러짜리 카드를 사겠다고 말했지요. 그런데 카운터 직원이 다른 직원과 농담 따먹기를 하느라 내 말을 제대로 안 들었어요. 그 여자는 카드에 15달러만 충전하고는 우리한테 확인도 받지 않았지요. 20분 후, 우린 친구에게 카드를 선물하고는 50달러짜리라고 말했어요. 친구가 카드를 살펴보더니 15달러짜리 아니냐고 얘기하는데, 어찌나 창피하던지…. 그래서 매장으로 돌아와서 35달러를 더 충전하고 친구에게 다시 줬답니다. 소중한 시간을 낭비한 거지요. 정말 화가 났어요."

한 파트너가 이 사례가 듣고, 점장이 파트너에게 다음과 같은 질문을 던지며 고객의 경험을 돌아볼 기회를 제공한다.

- 전설적인 서비스와 거리가 먼 행동들 세 가지를 이야기해 보세요.
- <그린 에이프런 북>의 행동들 중 무엇이 상황을 고객에게 긍정적인 경험으로 만들어줄 수 있을까요?
- 이런 상황에 놓인 파트너에게 당신은 어떤 지시를 하겠습니까?

매니저들은 가상의 고객경험에 대응하는 교육 대신, 부하직원들이 맞닥뜨리게 될 상황을 예측할 기회를 얻는다. 실제 고객과의 만남이 긍정적일 수도 있고 부정적일 수도 있으므로 두 가지 경우 모두를 예상하도록 한다. 경영진을 위해 마련된 교육훈련 과정도 있다. '5Be'에 입각한 회사의 우선순위 설정에 대한 것이다. 교육은 또한 리더들이 파트너를 독려하여 전설적인 서비스에 관한 한 강력한 경쟁력을 갖출 수 있도록 팀원들을 코칭하는 기회도 된다.

바리스타 단계의 파트너들도 마찬가지다. 그들에게는 '대화와 관계 맺기'라는 주제의 교육이 이루어진다. 대화가 끊기지 않도록 하고, 5Be에 맞는 태도 및 행동과 말이 담긴 스토리텔링을 습관화할 수 있도록 교육하는 것이다. '대화와 관계 맺기'를 통해 매장 내 파트너들은 고객의 이야기를 읽고, 분석하고, 토론할 수 있다. 이는 〈그린 에이프런 북〉이 장려하는 태도와 행동을 실제 상황에 대입해 볼 수 있는 기회이기도 하다.

'대화와 관계 맺기'는 매주 5Be 중 한 가지를 집중적으로 다룬다. 한 번은 '지식을 나눕니다'를 다루는 시간에 다음의 고객 사례가 제공되었다.

저에게 친절하게 대해주고 도움을 주었던 애슐리에게 감사를 전하고 싶습니다. 제가 어떤 음료에 관해 질문을 했는데, 그녀는 시간을 내어 자세히 설명을 해주고는 샘플을 만들어주기까지 했지요. 그녀의 배려가 정말 고마워요.

_캘리포니아 주, 포모나, 매장 #76304, 타깃 #1834

이 글을 읽은 후, 파트너들은 애슐리가 이 고객에게 어떤 차별성을 제공했는지 간단하게 평가했다.

- 커피를 설명하는 법에 대해 배웠다. 이 고객은 애슐리가 질문한 제품에 대해 상세히 설명할 수 있었다고 말했다.
- 고객에게 설명한 제품의 샘플을 만들고 시음할 기회를 제공하여 커피에 대한 지식과 열정, 그리고 신나는 기분을 공유했다.

이 짧은 사례를 통해 파트너들은 고객의 경험을 공감하고, 스타벅스 문화에서 최고의 가치가 담긴 원칙을 이해할 수 있었다. 고객서비스 운영 및 고객관리부 이사인 제니퍼 에임스커먼은 '대화와 관계 맺기' 프로그램이 스타벅스의 여러 면에서 유리하게 작용한다고 밝힌다. "새 파트너에게 이 프로그램에 관해 물어 보면, 덕분에 빠르게 팀의 일원이 될 수 있었다고 대답합니다. 자신감도 빨리 생긴다고 해요. 고객 경험을 짐작할 수 있고, 긍정적 부정적 사례를 모두 학습할 수 있기 때문입니다. 단시간에 많은 걸 배울 수 있어요. 경험이 더 많은 파트너들은 자신의 노력이 고객에게 인정받는 것 같은 느낌을 받지요. 그들은 함께 이야기를 나누면서 회사가 자기들 일에 관심을 가진다는 사실을 새삼 깨닫습니다. 긍정적인 사례의 경우는 모두가 알 수 있도록 밑에 매장번호를 제시합니다. 그사람의 공로를 인정하고 표창하는 방법이지요."

사실 어느 기업의 리더이든지 고객이나 클라이언트의 피드백을 학습의 도구로 삼을 수 있다. 이러한 교육법은 직원들에게 직무능력을 탁월하게 발휘하는 방법을 알려줄 뿐만 아니라, 동기를 부여하고 일에 몰두할 수 있게 하며 팀워크를 다지도록 돕는다.

스타벅스의 매니저들은 다른 종류의 교육 프로그램 역시 좋은 기회가 된다는 점을 간파했다. 고객 피드백을 파트너에게 직접 전달하는 것 외에도, 게임을 통해 5Be에 부합하는 문제해결법을 익히는 재미있는 교육도 있다. 스타벅스 경영진이 개발한 '스타벅스 경험 뒤집어보기'라는 게임이 있다. 이 게임의 목적은 고객과의 관계를 확보하는 것이다. 이 게임에서 파트너는 고객이 겉으로 표현하는 것 이면에 숨은 뜻을 파악하고, 고객의 내면이 느끼는 경험을 이해한다.

게임에는 주사위, 게임카드, 게임판이 사용된다. 파트너 두 명이

짝을 지어 역할극을 하는데, 한 명은 바리스타, 다른 한 명은 고객을 연기한다. 게임에서의 고객은 게임카드 겉면에 적힌 배경 정보를 읽는다. 카드에는 가령 "원두커피를 사려 한다. 바리스타에게로 가서 미소를 짓는다"와 같은 정보가 적혀 있다. 카드를 읽은 고객은 주사위를 굴려 매장 안의 상황을 정한다. 카운터 앞에 줄 선 사람은 몇 명인지, 시간은 언제인지 등 게임 안의 상황을 모두가 알 수 있도록 무대장치를 정한다.

파트너와 고객이 만나는 상황을 연기하기 전에, 고객은 혼자 카드 안쪽을 읽는다. 거기에는 고객이 연기해야 하는 내부경험이 적혀 있다. 몸짓이나 단어는 사용할 수 있지만, 자신의 느낌을 직접적으로 말하면 안 된다. 파트너는 공감대가 형성되는 상황을 조성해야 하며 고객과 관찰자로부터 〈그린 에이프런 북〉의 원칙을 이 상황에 얼마나 잘 연결시켰는지에 관한 피드백을 얻는다. 이 시점에서, 고객은 자기 내면에서 정확히 무슨 일이 벌어졌는지를 이야기한다.

고객이 판단하기에 기억에 남을 만한 경험을 했고 그동안 파트너가 고객 자신이 가장 중요하게 여기는 것과 공감대를 이루었다면, 이 라운드는 '승(勝)'으로 기록된다. 예를 들어, 게임카드에 적힌 지시는 다음과 같다.

(바깥 면) 고객이 보여주는 시각적 단서

크리스마스 캐럴을 흥얼거리고 기분이 좋지만, 바쁜 것처럼 보입니다.

(안쪽 면) 고객의 내면에는 무슨 일이 일어나는가?

커피숍에 들리고 싶은 마음을 억누를 수 없습니다.

그러나 크리스마스 파티를 열기로 했는데, 아직 아무것도 준비하지 않았습니다. 식료품가게에도 들러야 하는데, 20분 이내로 집에 도착할 수 있어야 합니다.

이 게임을 처음 교육도구로 도입할 당시, 스타벅스 경영진은 전략적으로 한 그룹에 이 게임을 적용시켜 보았다. 제니퍼 에임스-커먼은 "이 게임은 경영팀에게 처음 소개되었습니다. 한 명은 파트너, 또 한 명은 고객 역할을 맡게 하고, 나머지는 관찰자 역할을 맡았지요. 이 게임은 매니저들 사이에서 인기를 끌었습니다. 지금은 더욱 폭넓은 교육 프로그램에 적용할 새로운 방법을 모색하고 있습니다."라고 설명한다.

교육은 지루하거나, 형식적이거나, 통속적이어서는 안 된다는 것이 스타벅스의 철학이다. 교육도구로서의 게임은 조금 더 복잡해졌다. 매니저들이 역할극 내의 상호작용을 관찰하는 것 외에도 고객을 연기한 파트너에게 피드백을 요구하는 과정이 더해졌다. 이렇게 받은 피드백을 고객과 직접 대면하는 파트너를 위한 교육과정에 활용할 수도 있다. 이를 통해 매니저들은 고객의 주관적인 경험을 효율적이고도 건설적으로 파트너 교육에 적용하는 방법을 연습할 수 있다. 놀이처럼 즐거운 게임교육은 바리스타와 매니저들이 고객의 상황을 예측하고, 고객과 공감하고, 올바른 판단을 내리며, 문제해결 능력을 향상시킬 도전의 기회를 제공한다. 즐거운 놀이에 뒤따르는 훌륭한 결과를 보면, 매우 대단한 일이라고 할 수 있다.

유쾌한 기업문화 만들기

　보드게임으로 교육을 한다니! 역동적인 기업문화 안에서 모든 것이 중요하다는 의미가 얼마나 위대한지 보여주는 또 하나의 단적인 예다. 스타벅스의 경영진은 즐겁고 긍정적인 업무환경이 직원들의 활력과 헌신을 이끌어낸다는 점을 이해한다. 지역 이사인 칼라 아르캄볼트도 매장 내의 관계와 행복과 즐거움이 고객경험에 에너지를 불어넣는다고 믿는다.

　"제가 담당한 지역의 매장을 방문하면 저마다 다른 수많은 파트너들을 관찰할 수 있습니다. 전 화장실 청소를 하고 얼룩을 박박 문지르고, 아무튼 파트너들이 매일 하는 일을 같이 해보면서 즐겁고 유쾌한 분위기를 만들어보려고 합니다. 제가 그런 일들을 재미

있게 하는 걸 본 파트너들은, 다음에도 그런 분위기의 서비스를 고객에게 전해줄 수 있습니다." 직원에게 제공하는 경험도 어떻게 보면 직원들이 고객에게 제공하는 경험 못지않게 중요하다. 업무환경이 즐겁다면 최선을 다해 일하고 싶은 동기와 열정도 저절로 생기기 마련이다.

즐거움이 무엇인지를 직접 보여주는 방법 외에도, 파트너가 이루어 낸 일들을 알고 인정하려는 노력도 그들의 동기를 자극한다. 안타깝게도 이렇게 중요한 일을 비즈니스 리더들이 놓치는 경우가 너무 많다. 스타벅스의 경영진은 스타벅스 사람들을 인정하고 칭찬하기 위해 공식적이면서 능동적인 자리를 마련한다. 이를 통하여 즐겁고도 긍정적인 문화를 조성할 수 있다. 지역매니저인 에이미 팅글러도 회사의 이러한 방침에 적극 찬성한다. "파트너가 고객이나 동료들과의 관계에서 〈그린 에이프런 북〉이 권장하는 태도를 훌륭하게 수행했을 때, 우리는 그 사실을 인정하는 자리를 꼭 갖습니다. 월례회의에서 다른 파트너들이 모두 모인 가운데 그 일을 함께 자축하지요. 칭찬은 고객 서비스뿐만 아니라 파트너들이 서로를 대할 때, 매장 밖에 있을 때의 행동까지 모두 포함됩니다."

에이미는 자기가 관찰한 파트너 한 명을 칭찬했다. "매장에서 일하다가 창문 밖에 서 있는 단골고객을 본 모양이에요. 그분은 자기 차 옆에 서서 안절부절못하고 있었어요. 그 파트너가 밖으로 나가서 괜찮냐고 물었고, 그 여성고객은 차 안에 열쇠를 꽂아둔 채로

문을 잠가버렸다고 했어요. 파트너는 매장 안으로 돌아가 무선전화기와 전화번호부를 찾아두고 그녀가 늘 마시던 음료를 만들었어요. 그는 다시 밖으로 나와서 '잘 해결되면 좋겠군요'라고 말하며 그녀에게 음료와 전화기, 전화번호부를 건넸어요. 그녀가 매장 안으로 들어온 것도 아닌데, 그 파트너는 고객에게 필요한 것을 알아챘지요. 그는 직접 매장 밖으로 나가 그녀를 맞이했고, 그녀가 처한 곤경에 성의껏 도움을 주었어요. 그 다음날, 저는 아침 일찍 그의 매장으로 가서 '칭찬 카드'를 썼어요. 매장의 동료들에게 그 이야기를 전해주고, 모두 앞에서 그에게 고맙다고 말했지요. 하루를 시작하는 멋진 방법이었어요."

스타벅스의 칭찬문화는 점장과 지역매니저 수준에만 퍼져 있는 게 아니다. 사장이자 CEO인 짐 도널드는 하루도 빼지 않고 전 세계 매장의 파트너들에게 칭찬의 전화를 건다. 나는 스타벅스 지원센터에 갔을 때 하워드 슐츠 회장을 주시했다. 그는 전혀 거만하지 않은 태도로 아무렇지도 않게 한 파트너에게 다가가 프로젝트 때문에 고생이라며 고맙다고 이야기했다.

CEO와 회장이 인정과 칭찬에 가치를 두고 이를 실천할 때, 그가 속한 문화는 어떤 모습이 되겠는가? 사람들이 너도나도 옳은 일을 행하려 하고 그로 인해 바람직한 행동이 늘어나고 성과를 축하하는 문화가 완성되지 않겠는가? 직원의 성과를 인정하려는 노력이 신나는 경영 정신과 조화를 이룰 때, 직원들은 회사에 더욱 충성하고 행복해 할 것이다. 이러한 만족감은 또 동료직원과 고객에게 긍정적인 영향을 미치는 선순환을 낳는다. 결국 고객의 충성도가 높아지고, 판매도 늘어난다. 이렇게 행복한 시나리오를 뿌리칠 회사는 없을 것이다. 일부 기업의 수뇌부는 긍정적인 문화의 진정한 효과에 미심쩍은 눈초리를 보내지만, 스타벅스의 경우만 보아도 훌륭한 증거가 되고 있다. 인정, 교육, 놀이에 세심한 주의를 기울이는 곳에 이윤이 따라온다는 사실에 주목해야 한다.

모든 것 그 이상을 향하여

스타벅스는 매장 내 환경, 제품의 질, 지속적인 교육, 즐거운 문화에 세심한 주의를 기울이고 있다. 그 밖에 경영진이 신경 써야 할 걱정거리는 무엇이 남아 있을까? 당신도 짐작했겠지만 그 답은 "모든 것"이다. 매니저들은 보통 제품과 서비스의 질, 그리고 회사의 물리적인 환경에 영향을 미치는 세부사항 외에는 별 관심을 두지 않는다. 그러나 스타벅스의 경영진은 모든 것이 중요하다는 사고방식을 지역사회에 대한 관심으로까지 확대시켰다. 그들은 전 세계 환경과 사회적 이슈에도 세심한 관심을 기울인다. 고객들 대다수가 '스타벅스는 글로벌한 마음가짐으로 행동한다'는 사실을 모르는데도 말이다. 그렇다면 그들은 왜 회사 밖의 문제들까지 신경을 쓰는 것일까? 간단히 말해, 우수한 리더십에는 한계를 모르는 탁월함과 넓은 시야가 필요하기 때문이다.

종이컵 슬리브 하나만 보아도 스타벅스의 우수성이 여실히 드러난다. 1996년 8월, 스타벅스와 환경연맹이 커피 소매점의 환경파괴를 줄이기 위해 손을 잡았다. 당시에는 컵을 두 개 포개어 달라고 하는 고객들이 많았다. 뜨거운 음료를 쉽게 옮길 수 있었기 때문이다. 환경과 고객의 편의라는 두 마리 토끼를 잡기 위해, 스타벅스는 대안을 찾는 지난한 과정에 돌입했다.

컵 두 개를 겹쳐 사용하는 것이 환경적으로 어떠한 영향을 미치는지 알아보기 위한 시장조사가 이루어졌다. 뜨거운 음료를 종이컵 하나로 충분히 해결하도록 개발하기 위해 2년이라는 시간이 걸렸다. 그 결과, 임시대책이 마련되었다. 골지로 된 컵 슬리브를 개발해낸 것이다. 그 외에도 영구적인 해결책을 강구했는데, 여러 가지 선택사항을 분석하기 위해 소비자그룹을 모집하기도 했다.

상당한 시간과 비용이 들어간 후에 2000년 4월, 스타벅스와 환경 연맹의 합작 태스크포스 팀은 최종 결론을 냈다. "2년 이상 여러 견본을 개발하고 테스트했으나, 최종 결과물이 모든 조건을 충족시키고 합리적인 시간과 비용 선에서 시장에 선보일 수 있다는 확신을 얻지 못했다. 게다가 스타벅스 고객들은 종이컵에 골지 슬리브를 끼우는 데 익숙해졌다."

컵 하나에 그토록 엄청난 노력을 쏟아 부었으나 고객에게는 무용지물이 되었다. 앞으로 얼마나 더 노력하든지 결과는 마찬가지일 것이다. 그렇게 컵 하나와 슬리브만 남게 되었다. 뜨거운 열을 이겨 낼 수 있는 컵 하나를 제조하기 위해 그 모든 과정을 거쳤음에도 불구하고 말이다. 그러나 스타벅스 경영진은 환경에 대한 관심을 잃지 않았다. 그들은 컵을 제조하는 데 사용되는 종이의 함유성분 중 10퍼센트를 재활용 재질로 바꾸는 등 1인자다운 개선의 노력을 이어갔다. 보이지 않는 면까지 세심하게 공을 들인 덕분에 스타벅스는 환경에 대한 관심을 기울여 컵을 만들어낸 첫 번째 기업이 되었다.

스타벅스 매니저들이 종이컵 연구에 신경을 쓰는 까닭은 무엇일까? 그들에게 무슨 이득이 되었을까? 그 답은 놀랄 만큼 심플하다. 스타벅스 브랜드, 그리고 모든 회사의 브랜드는 거기에 속한 사람들 개개인이 취하는 행동의 총합 그 이상도 이하도 아니다. 많은 사람들은 다른 것보다 더 많은 노력을 기울여야 할 일이 있다고 믿지만, 사실은 모든 행위가(보이지 않는 면까지도) 더없이 중요하다. 그리고 요즈음은 사람들이 환경문제와 사회적 이슈에 관심을 가지는 기업들을 점점 주목하는 추세다.

미시간 주 벨빌에 사는 고객 린은 광범위한 영역에서 사회에 공헌하고자 하는 스타벅스에 끌린다고 고백한다. "전 커피를 마시지 않기 때문에 스타벅스에 대해서 전혀 관심이 없었어요. 그런데 스타벅스에 환경 사명 선언서가 있다는 이야기를 들었어요. 비즈니스의 모든 면에 있어서 환경문제에 솔선수범하는 모습을 보이겠다는 내용이더라고요. 그래서 스타벅스에 대한 기사나 책을 읽어보고 그들의 비즈니스 관행을 알아보았어요. 사회문제에 열성적인 파트너와 이야기도해 봤고요, 그 모든 게 저를 자극했어요. 어떤 가게에서 공정거래 품목만을 판매하는 자원봉사를 시작했지요. 우연찮게 제가 봉사하는 곳 맞은편에 스타벅스 매장이 있어요. 그래서 매주 자원봉사를 하러 갈 때마다 스타벅스에 들리게 됐죠. 거기서 차를 사서 마셔요. 이 회사가 신봉하는 가치가 좋아요."

린을 포함한 많은 고객들이, 폭넓은 사회적 쟁점에 관심을 둔다는 점 때문에 스타벅스가 경쟁사에 비해 마음에 든다고 말한다. 지역사회의 이슈에 귀를 기울이면 회사와 고객 간의 감정적 유대를 강화할 수 있다. 고객들이 그 이슈에 지대한 관심을 갖고 있기 때문이다. 스타벅스는 고객의 가치가 무엇인지 파악하고, 고객의 관심영역에 긍정적인 영향력을 미칠 수 있도록 노력한다. 충성고객이 엄청난 속도로 불어나고 그들과 감정적으로 강하게 얽혀 있을 수 있는 이유이다.

아주 사소한 것들도
고객에게는 중요하다

많은 고객들이 가장 사소한 세부사항에 주의를 기울인다. 경영자들은 고객의 시선을 사로잡는 것을 보고 깜짝 놀랄 때도 있다. 고객들은 안목이 아주 높다. 그래서 광고와 마케팅에 아무리 많은 비용을 들여도 작은 부분을 소홀히 다룬 잘못을 만회할 수가 없다. 어떤 시대, 어떤 사람들에겐 화려한 광고와 비주얼이 만들어내는 연막작전이 먹혀들지도 모르지만, 고객에게 색다른 인상을 주고 신뢰를 얻는 방법은 가장 평범한 세부사항들을 꼼꼼히 살피는, 즉 '모든 것이 중요하다' 접근법이다.

마라 시글러라는 고객의 지적은 가장 작은 것과 외견상 가장 기본적인 세부사항이 얼마나 중요한지를 생생하게 보여준다고 이야기한다. "뉴욕에만 존재하는 문제점이 몇 가지 있어요. 그 중에서도 가장 심각하고 신체적으로도 참을 수 없는 문제는 아마도 공공화장실이 부족하다는 점일 거예요. 그런데 뉴욕 어디를 가나 다섯 블록 반경 내에 스타벅스가 있어요. 게다가 명성에 걸맞게 화장실도 깨끗해요. 비즈니스 분석가, 마케팅의 대가, 경쟁사들이 이 떠오르는 거대기업을 연구하고 수백 가지 성공비결을 내놓고 있지요. 하지만 제가 장담하건대, 스타벅스의 성공은 음악도, 맛도, 무선인터넷 사용이 가능하다는 점도 아니에요. 다 무료로 깨끗한 화장실을 쓸 수 있기 때문이에요." 고객들은 아주 작은 것들을 감지한다. 심지어 화장실의 청결상태까지 꼼꼼하게 체크한다. 모든 기업은 고객에게 세부사항에 대한 피드백을 부탁해야 한다. 고객의 피드백이 없었다면 모르고 넘어갔을 세부적인 부분을 새삼 깨닫게 되는 계기가 될 수도 있다.

비즈니스 리더라면 고객에게 가장 중요한 세부사항뿐만 아니라 직원들에게 중요한 건 무엇인지도 알아내야 할 책임이 있다. 일을 하다 보면 즐기기 어려운 면도 있기 마련인데, 그럴 때 직원을 이해하는 리더의 존재가 더욱 커다란 힘이 된다. 바리스타 베르나 디트 해리스는 "프라푸치노를 만드는 게 싫었다"고 고백한다. "뜨거운 음료를 만들 때보다 시간이 두 배나 걸리잖아요! 그런데 어떤 여성 고객 덕분에 프라푸치노에 대한 생각이 바뀌었어요. 매일 저녁 우리 매장에 들러서 모카 프라푸치노를 사가던 분이에요. 항상 서두르는 통에 대화를 나눌 틈도 없었죠. 하루는 그분이 들어오더니 남편이 차에 있다고 말하더군요. 그러더니 항상 훌륭한 서비스가 고맙다고 하는 거예요. 본인은 스타벅스의 음료를 마시지 않는데, 남편이 화학요법을 받은 후에 뱃속을 진정시키는 건 이 음료밖에 없다고 하시면서요."

이제 직원들이 더 큰 그림을 보게 하는 일이 얼마나 중요한지 알겠는가? 매일 일상적으로 하는 업무의 소소한 요소들이 실제로 고객과 동료에게는 커다란 변화를 안겨줄 수도 있다. 회사 전체의 사명과 명성에 미치는 영향은 두말할 나위가 없다.

세부사항을 꾸준히 점검하는 직원은 때때로 고객으로부터 뜻밖의 칭찬을 받기도 한다. 지역 이사인 칼라 아캄볼트는 다른 매장으로 옮겨 간 바리스타 수잔 이야기를 해주었다. 우리 파트너들에게 가끔씩 있는 일이에요. 수잔도 우리 매장에서 마지막으로 근무하는 날에 고객들이 보낸 꽃을 받았어요. 매장에서 일하는 동안, 무뚝뚝하기 그지없는 한 고객을 웃게 하려고 별의별 노력을 다했거든요. 별것 아닌 일처럼 보일지도 모르지만, 수잔에게는 무척 중요한 일이었어요. 수잔은 '그분의 인생이 어떻게 흘러가고 있는지는 몰라도, 제가 그분을 행복하게 해드리겠어요'라고 다짐했지요. 항상 그분에게 말을 붙이고, 신경을 써주고 미소를 잃지 않았어요. 하지만 그분은 아무런 반응이 없었어요. 웃지도 않고, 조금도 즐거워 보이지 않았지요.

수잔이 떠나는 날이었어요. 어디서 그 이야기를 전해 들었는지, 수잔의 근무시간이 끝나기 직전에 그분이 그녀에게 카드를 건네더군요. 카드에 적힌 내용은 무척 감동적이었어요. '매일 여기에 오는 것이 내게 얼마나 큰 의미가 있는지 알려주고 싶었습니다. 특히 당신의 미소를 보기 위해 여기에 왔다는 것, 당신이 내 삶을 바꾸어 주었다는 사실을 알아주었으면 합니다.' 수잔은 시간과 정성을 들여 작은 일을 실천했어요. 삶의 고비에 있는 고객이 그녀에게는 중요하다는 점을 보여주기에 충분했지요.“

수잔의 행동은 스타벅스에 널리 퍼진 메시지와도 일치한다. 모든 것이 중요할 뿐만 아니라, '모두가 중요하다'는 메시지. 스타벅스 경영진은 파트너에게 '5Be'를 따르는 삶을 위해 필요한 세부사항들을 완벽하게 습득하라고 강조한다. 이러한 노력이 있기에, 사람들은 스타벅스에 들어선 순간부터 자신이 중요한 존재라는 사실을 느낀다. 이는 돈을 많이 쓰는 고객이나 단골고객에만 한정된 게 아니다. '모두가' 그런 대접을 받는다.

과거 스타벅스 점장이었고 현재는 스타벅스의 공인 매장운영 전문가인 킴벌리 켈리는 '모든 것과 모든 사람이 중요하다'는 태도가 가져 올 수 있는 놀라운 결과를 알리고 싶어 한다. "참 좋은 단골고객이 생각나네요. 이레네라는 이름의 70대 노부인이었는데, 전에는 교사이면서 교장이셨다고 해요. 이레네 할머니는 매일 남편과 함께 매장에 오셨어요. 그 부부에겐 스타벅스에 오는 게 하나의 이벤트였어요. 할아버지는 항상 스포츠 재킷을 입었고, 할머니는 아주 우아하게 차려 입으셨어요. 그분들은 항상 같은 걸 주문하셨어요. 톨 사이즈 커피 한잔과 덜어 마실 컵 하나. 머핀도 하나 시키시면서 포크 두 개, 나이프 하나도 달라고 하셨어요. 다 나눠 드시는 거였어요. 그 노부부는 커피와 머핀을 받아 들고 천천히 테이블로 가서 한 시간 정도 다정하게 머물다 가곤 하셨어요."

그런데 어느 날부턴가 그 부부가 스타벅스에 발길을 끊었다. 킴벌리는 무슨 일이 생긴 게 아닌지 걱정이 되었다. 그러다 하루는 은행에서 이레네 할머니와 우연히 마주쳐서 안부를 물어보니, 할아버지가 갑작스런 심장발작으로 돌아가셨다는 이야기를 전해주었다. 킴벌리는 할머니에게 은행 일이 끝나면 스타벅스에 같이 가자고 권했다. "할머니는 매장의 카운터로 다가와서는 이렇게 말씀하셨어요. '킴벌리, 뭘 주문해야할지 모르겠어. 항상 그이와 함께 즐겼는데….' 저는 '저기…, 그러면요, 오늘은 커피 한 잔과 머핀 하나를 저와 같이 하세요.' 우리는 약 30분 동안 앉아서 이야기를 나누었어요. 할머니는 할아버지가 너무 보고 싶다고, 잊기가 너무나 힘들다고 말씀하셨어요. 며칠이 지난 후. 이레네 할머니가 우리 매장을 다시 찾으셨어요. 아주 곱게 단장하셨더군요. 할머니는 '이젠 혼자 주문할 준비가 됐어요.'라고 하셨어요. 그러고는 늘 주문하던 톨 사이즈보다 더 작은 사이즈로 커피를 달라고 하셨어요. 그리고 머핀과 나이프 하나, 이번에는 포크 하나를 주문하셨어요. 할머니는 머핀을 반으로 자르고 제게 말씀하셨어요. '아무래도 이틀치 분량을 주문해버린 것 같네요.'"

이제 무엇이 중요한지 알겠는가? 커피? 음악? 소파? 안락한 분위기? 미소? 아니면, 무료 화장실? 스타벅스는 모든 세부사항에 세심한 정성을 들인다. 모든 것이 중요하기 때문이다. 고객이 저마다 다른 사람인만큼, 각자에게 중요한 세부사항도 무척 다양하다. 그러나 한 가지만큼은 확실하다. 직원들이 자기 일의 모든 면에서 자부심, 우수성, 즐거움을 갖출 수 있다면, 주변 사람들의 삶을 변화시킬 기회 또한 따라온다.

☕ 음미해 볼 스타벅스 경험

소매업은 세부사항에 관한 일이다. 그런 점에서, 모든 비즈니스는 세부사항에 집중해야 한다.

- 세부사항을 놓치면 고객의 불만족을 야기하고, 그런 고객은 다른 곳으로 가버릴 것이다.

- 때로는 소소한 세부사항하나가 성공과 실패를 결정지을 수도 있다. 7센트 밸브와 같은 간단한 것들 덕분에 스타벅스가 세계적인 기업으로 우뚝 설 수 있었다.

- 중요한 세부사항은 고객의 눈에 보이는 곳과 안 보이는 곳 모두에 존재한다.

- 나쁜 품질은 정말이지 숨길 방법이 없다.

- 매장환경, 품질, 교육, 즐거운 문화 조성, 사회적 의식 모두가 중요하다.

- 세심한 정성이 사람들 사이의 감정적인 유대, 즉 '체감'에 영향을 미친다.

- 고객에게 당신의 비즈니스에 관해 알아낸 세부사항을 물어보라.

- 인정하고, 축하하고, 즐겨라!

- 모든 것이 중요한 것 못지않게 모든 사람도 중요하다.

홍콩의 한 스타벅스에서 작업 중인 고객들

스 타 벅 스 경 험 마 케 팅

제3장

놀래고
기쁘게 하라

SURPRISE AND DELIGHT

"나는 잠들어 삶이 기쁨임을 꿈꾸었다.
나는 깨어나 삶이 섬김임을 보았다.
나는 행동하여 섬김이 기쁨임을 알았다."

- 라빈드라나트 타고르 -

'놀래고 기쁘게 하라' 원칙의 배경 아이디어는 그다지 새롭지 않다. 사실, 돈벌이에 이 원칙이 적용된 예는 100년도 전부터 존재했다. 1800년대 후반, 시카고에서 컬럼비아 세계박람회가 열렸다. 당시 레크하임 형제가 팝콘과 땅콩에 캐러멜을 입힌 독특한 제품 크래커 잭(Cracker Jack®)으로 어린이부터 어른까지 모두를 기쁘게 하여 이후 꾸준한 사랑을 받았다. 그러다가 1912년 포장 안에 깜짝 선물을 넣어 판매하기 시작하면서 크래커 잭은 폭발적인 인기몰이를 하게 되었다.

오늘날에는 팝콘, 땅콩과 함께 '선물'을 제공한다는 아이디어로 도전을 하는 비즈니스들이 점점 늘어나고 있다. 고객은 예측이 가능한 일관된 제품을 선호하면서도, 때로는 기대 밖의 변형이나 사은품에 열광하기도 한다. 행복감(전문용어로는 '주관적 안녕')을 연구하는 심리학자들은 안전과 무난함을 보장하는 제품(캐러멜 팝콘)의 예측 가능성이 지루함을 상쇄시킬 수 있는 작은 변화(선물)를 동반할 때 사람들이 행복해 한다고 주장한다.

불행히도, 대다수의 기업이 경쟁력과 브랜드 충성도를 높이는 '특별한 무언가를' 더하는 일에는 충분한 노력을 투여하지 못한다. 그러나 스타벅스의 리더들은 여러 영역에서 놀랍고 기쁘게 만드는 경험을 창조하기 위해 확고한 의지를 보여주었다. 스타벅스 경영진은 언제나 고객과 직원의 주관적 안녕을 충족시키기 위한 방안을 모색한다. 그리고 그러한 노력이 고객 충성도, 지역사회, 그리고 회사 이윤에 엄청난 영향을 미쳤다.

기대 효과

크래커 잭이 처음 출시되었을 때, 고객들은 놀라움을 금치 못했다. 그러나 100년이라는 세월은 많은 것을 변화시켰다. 오늘날 고객의 눈은 예전에 비해 훨씬 높아졌고, 그들을 만족시키고 기쁘게 하기는 정말 까다롭고 어려운 일이 되었다. 설상가상으로, 독특하고 놀라운 것에 대한 고객의 욕망도 아주 커지게 되었다. 현재 우리는

"지금 당장 주세요. 물론 아주 훌륭한 것이어야 해요"라고 당당하게 요구하는 시대에 살고 있다. 불과 몇 년 전만 해도 불가능해 보였던 기술과 혁신의 영향이다.

오늘날, 대부분 사람들은 자기가 사는 모든 제품에 '크래커 잭'의 깜짝 선물이 포함돼 있길 기대한다. 텔레비전은 해상도가 높아야 하고, 휴대폰은 카메라 기능도 갖추어야 하며, 자동차는 내비게이션을 장착하고 있어야 한다. 최첨단 제품에 대한 고객의 기준 자체가 몹시 높기 때문에, 입이 딱 벌어지게 놀라운 게 아니고서는 비웃음만 사기 십상이다. 누구나 새로운 유행, 새로운 방식, 뜻밖의 마법 같은 사은품이 제품상자 밑에 붙어 있을 거란 기대를 품는 시대다.

리더들은 만족한 고객들조차 의외로 자기가 구매한 제품이 더 많은 즐거움과 기쁨과 흥분을 안겨주길 기대한다는 점을 이해하고 있다. 사람들은 기분이 매우 좋아지길 원하지만 그것이 꼭 제품 자체로부터 비롯될 필요는 없다. 스타벅스의 경영진은 고객이 기대한 것과 기대하지 못한 것을 적절히 섞는 방법을 알아냈다. 그 과정에서 비즈니스는 기업의 정신과 가치가 진실하다는 것을 유지해야 함을 증명한다.

스타벅스는 고객의 요구를 알고 있다

고객들은 일반적인 영업시간 내에서 기업이 그들의 니즈에 부응할 것을 자연스럽게 기대한다. 이 정도는 고객이 당연히 기대할 수 있는 범위다. 그러나 기업이 이러한 관습에 정면으로 도전하면, 즉 '색칠이 선 바깥으로 삐져나오면', 고객은 이례적인 경험을 하게 된다. 철야근무에 지친 마이클 케이지를 놀라게 한 건 바로 이렇게 색다른 고객경험이었다. 자기가 운영하는 '마케팅과 기업가 정신'이라는 블로그에 글을 올리다가, 새벽 5시쯤 집 밖으로 나가 잠시 쉬기로 했다. 순간 머릿속에 그가 무척 좋아하는 바닐라 라떼로 기분 전환이나 하자는 생각이 스쳤다. 그는 자동차에 올라탄 후 근처의 스타벅스 매장으로 향했다. 맛있는 바닐라 라떼를 생각하며 가는 내내 기분이 좋았다.

"그런데 매장에 들어서면서 뭔가 끔찍하게 잘못됐다는 걸 알았어요. 간판에 아직 불이 안 들어와 있었고 매장 안도 깜깜했거든요. 저는 차를 몰고 문 쪽으로 다가가 영업시간을 확인했어요. 개장하려면 무려 한 시간이나 더 있어야 하더군요. '기다려서 마셔야 되나 말아야 되나' 고민하며 차 쪽으로 몸을 돌리는 찰나, 짤깍 하고 열쇠 돌리는 소리가 나더니 문이 스르르 열리는 거예요. 그러더니 항상 저를 맞이해주던 바리스타가 나와서는 주문하시겠냐고 묻더군요." 마이클의 말처럼, 스타벅스는 고객에 대해 '알고 있다'.

스타벅스를 비롯한 모든 회사가 항상 무엇이든지 알 수는 없지만, 마이클의 바리스타는 그때 틀림없이 고객에게 필요한 것을 알았다. 문을 열겠다는 바리스타의 결정 덕분에 스타벅스는 아무런 대가도 치르지 않고 전부를 얻었다. 바로 평생고객 말이다! 마이클에게 이 경험은 자기 캐러멜 팝콘박스 안에서 발견한 놀라움이었다. 그리고 이 브랜드와 맺고 있던 기존의 관계를 더욱 확실히 다지는 계기가 되었다.

마이클의 경험처럼, 가공되거나 강요된 것이 아닌 자연스럽고 자발적인 이벤트가 고객에게 뜻밖의 가장 좋은 놀라움을 제공한다. 필요한 게 있고, 누군가가 '짜잔!' 하고 나타나 그 필요를 채워준다. 고객이 요구사항을 하나하나 말로 표현하지 않을 때 그것을 파악하기 위해서 독심술이 필요한 건 아니다. 열린 마음과 세심한 배려만 있으면 된다. 이렇게 뜻하지 않은 감동으로 고객을 즐겁게 하는 능력이 서비스 지향적인 스타벅스 문화를 이루는 한 부분이 되었다.

이에 관한 완벽한 사례가 있다. 이웃의 한 도서관 지점의 이전과 관련된 일이다. 이 도서관의 직원들 중 상당수가 근처 스타벅스 매장의 단골 고객이었다. 도서관 이전 소식을 접한 이곳 스타벅스 점장은, 도서관원들의 커피를 직접 사서 옮긴 새 지점으로 배달하기로 결정했다. 그녀는 새 도서관과 가장 가까운 스타벅스 매장을 찾아주었고, 도서관원들을 그 매장의 바리스타들에게 소개해주었다. 스타벅스의 경영진은 이렇게 고객에게 필요한 것을 예상하고 놀라움을 전하는 일이 기업문화로 자리 잡도록 항상 파트너 교육에 힘쓰고 있다.

커피를 우려내는 일이든 소프트웨어를 고안하는 일이든 혹은 바닥을 청소하는 일이든 '놀래고 기쁘게' 하려는 노력이 아주 기본적인 일의 본질까지 변화시킬 수 있다. 업무 매뉴얼에 적힌 내용에만 집착하지 말고, 고객에게 예기치 못한 경험을 제공하는 일까지 살피겠다는 헌신이 필요하다.

스타벅스처럼 고객에게 기분 좋은 놀라움을 전하고자 하는 직원이 많은 회사에서는 이러한 뜻밖의 경험이 자주 일어난다. 영국의 세포 및 분자생물학 교수인 피터 니콜스 박사도 이런 경험을 하였다. 비바람이 휘몰아치던 날이었다. 비를 피해 뛰어가던 피터 박사는 쿠알라 럼퍼의 한 스타벅스 매장 앞에서 미끄러져 넘어지고 말았다. 그 날 세 명의 스타벅스 파트너들(점장과 두 명의 여성 바리스타)은 박사에게 커피만 대접한 게 아니었다. 그들은 기회를 붙잡았다. 피터 박사가 넘어지는 걸 본 점장은 잽싸게 뛰어 나가 그를 부축했다. 점장과 두 명의 바리스타는 다른 파트너들에게 매장을 부탁하고, 택시를 불러 세워 박사를 병원까지 데려다주고, 치료가 마무리될 때까지 기다렸다.

하필 피터가 돈을 호텔에 두고 나왔기 때문에, 병원비와 약값, 어깨에 매는 삼각건(슬링) 값까지 점장이 모두 지불했다. 피터 박사는 당시의 느낌을 이렇게 전한다. "그들이 제게 해준 일은 정말 감탄스러웠습니다. 바리스타 중 한 명은 근무시간이 막 끝났을 텐데도 전혀 개의치 않고 적극적으로 저를 도와주었어요. '근무시간이 지났어요. 저는 집에 가겠습니다'라고 말했을 법도 한데 그러지 않았지요. 그녀는 저와 함께 있어 주었어요."

마이클과 도서관원들, 피터 박사까지 모두 깜짝 놀랄 만한 경험을 했고, 이는 스타벅스 파트너들의 헌신적인 서비스가 있었기에 가능했다. 그것도 고객이 기대하지 못한 부분까지 적극적으로 나서 도움을 주었다. 그러나 예상 밖의 경험이 언제나 우연히, 자연스럽게 일어나야만 한다는 법은 없다. 실제로 여러 사례를 관찰해보면, 가장 감동적인 깜짝 경험은 미리 계획된 경우가 많다.

스타벅스의 단골고객인 메리는 자신이 경험했던 이벤트를 이야기해 주었다. 사전에 철저한 준비를 통해 이벤트의 성공을 이끌어 낸 경우였다. 4월 15일⋯ 세금 내는 날! 바로 그날, 메리는 스타벅스 매장에 들어섰다. 잔뜩 스트레스를 받은 상태였다. 방금 고액의 세금을 국세청에 부치고 오는 길이었다. 그리고 그때, 기대하지 않았던 스타벅스 이벤트와 마주했다.

"그렇게 돈을 내고 나서, 이런저런 고민을 떨쳐버리기 위해서 스타벅스에 들어갔어요. 저는 제 단골 바리스타 토머스에게 차를 한 잔 주문했어요. 그러자 그가 저에게 '캄 티(Calm™ tea, 스타벅스가 판매하는 허브티의 일종-옮긴이)'가 어떻겠느냐고 묻더라고요. '차분한 (calm) 차'라⋯. 내가 고민하는 티를 그렇게 많이 냈나 생각이 들었어요. '제가 캄티도 괜찮을 것 같아요'라고 말하자, 그는 이렇게 말했어요. '정말 좋은 선택 하셨어요. 오늘은 스타벅스가 모든 고객에게 캄 티를 공짜로 드리는 날이거든요.'" 메리는 다음과 같이 덧붙여 말해주었다. "비록 캄 티 한 잔으로 국세청 관련 일을 아주 말끔히 잊기엔 부족했지만, 적어도 그날 이후로 제가 마셨던 차의 이름을 평생 기억하게 되었어요. 사실 고객에게 무료로 서비스를 할 의무는 없는 거잖아요? 하지만 어쨌든 스타벅스는 그런 이벤트를 기획했고, 제가 그 혜택을 받았어요." 이처럼 이벤트를 통해 고객에게 놀라운 순간을 제공하려는 리더들의 의지가 '좋다'와 '훌륭하다'의 차이를 만들어낸다.

대부분의 경우, 훌륭하고 놀라운 경험은 어떤 한 사람 또는 어떤 집단의 사람들이 우리의 일상과 우리 고객의 일상에서 의외의 무언가를 실천했을 때 생긴다. '필요에 의한' 40세 깜짝 생일파티 같은 걸 말하는 게 아니다. 고객이나 동료가 문득 생각나서 가끔씩 보내게 되는 안부쪽지 정도면 충분하다. 또한 의도적으로 계획된 마케팅 전략을 말하는 것도 아니다. 상대방을 위해 잠시 시간을 내어 베푸는 작은 일이면 충분하다.

스타벅스가 회사 홍보와 상관없이 깜짝 이벤트를 벌일 때도 있다. 예를 들어 스타벅스 매장에서 구할 수 없는 제품을 고객에게 깜짝 이벤트로 제공한 적도 있다. 한 여름과 미국 아이스크림의 달 (National Ice Cream Month, 7월을 가리키며 1984년 레이건 대통령이 정함)을 기념하는 의미로, 바리스타들이 1백만 개의 공짜 아이스크림 컵을 6천 개 스타벅스에 제공했다. 스타벅스는 슈퍼마켓을 대상으로 아이스크림을 팔지만, 매장 안에서는 팔지 않는다. 그리하여, 행사 진행을 위해 아이스크림 이벤트 하루 전날 밤 페덱스로 배송되었다.

이 '아이스크림 친목회' 이벤트는 광고조차 하지 않고 진행되었다. 그저 회사가 고객에게 아이스크림을 한 턱 내는 행사였을 뿐이다. 이벤트 진행과 조정에는 복잡한 절차와 노력이 필요했지만, 스타벅스 경영진은 이렇게 기분 좋은 깜짝 이벤트를 통해 얻을 수 있는 엄청난 가치를 보았다. 이러한 노력은 고객의 커다란 관심을 불러일으켰다. 마르타 로즈는 아이스크림이 정말 좋았다며 이렇게 말했다. "스타벅스 매장에서 아이스크림을 먹으리라는 기대는 정말

하지 못했어요. 그 달콤한 맛을 평생 잊지 못할 거예요. 하루의 피곤함을 말끔히 씻어준 일상의 탈출이었어요."

이 이벤트는 스타벅스 매장을 방문할 계획이 없던 사람들까지 불러 모으는 데 성공했다. 질 데이비스의 이야기이다. "저는 길 건너편에 있는 커피숍에서 일해요. 경쟁자인 셈이죠. 어느 날 일이 끝나고 집에 가는 길에 보니, 스타벅스 바리스타들이 행인들에게 아이스크림 샘플을 나누어 주고 있더군요. 사실 전 스타벅스 팬이고 또한 아이스크림 팬이기도 해요. 전 바리스타가 건네주는 아이스크림을 받고, 집까지 가는 내내 기쁜 마음으로 걸어갔어요. 정말 대단하지 않나요?"

🔍 성공적 비즈니스를 위한 경험 만들기

- 어떤 기업의 깜짝 이벤트로 기분이 좋았던 마지막 경험은 언제였나요?
- 당신이 고객 혹은 직원으로서 맞이했던 뜻밖의 즐거운 경험은 무엇이 있나요? 그 경험은 미리 계획된 것이었나요, 자연히 일어난 일이었나요?
- 동료나 고객 등 기대하지 못한 누군가에게 기분 좋은 놀라움을 준다면 어떨까요?
- 누구와 함께 깜짝 이벤트를 마련할 것인가요?
- 자연스럽게 생겨난 기회가 놀라움의 경험으로 이어진 적이 있나요?

놀라운 이벤트는 감동을 준다

고객(혹은 동료들)을 놀라게 하는 방법은 쿠키를 찍어내는 틀처럼 모두 같을 수가 없다. 두루 적용될 수 있는 하나의 있는 것이 아니다. 적합한 방법은 사람마다 다를 수 있다. 아이스크림 친목회처럼 신나는 이벤트여야만 한다는 법도 없다. 진심이 담긴 의미 있는 표현만으로도 충분하다. 회사의 제품이나 서비스와 함께 정성이 담긴 깜짝 이벤트가 제공되는 경우가 있다. 예를 들어, 스타벅스는 원두의 원산지(인도네시아, 아프리카와 라틴아메리카의 국가들) 출신 작가들이 지은 시집들을 무료로 나누어주었다.

이들 나라의 예술가들을 기념하는 이벤트를 통해 스타벅스는 독창적인 방법으로 원두 원산지에 대한 정보를 고객과 공유할 수 있었고, 동시에 매장 내의 고객경험을 고조시킬 수 있었다. 이 감동적인 이벤트의 수혜자가 되었던 교사 나다인은 스타벅스에게 진심으로 고마움을 표현했다. "심금을 울리는 시였어요. 친구들과 돌려보기까지 했어요. 아는 사람에겐 다 이야기한 것 같아요. 아시겠지만, 전 커피를 마시러 갔었거든요. 앞으로도 계속 스타벅스를 사랑할 거예요. 고객인 제가 전혀 기대하지 않았던 것까지 제공해주었으니까요. 스타벅스는 제게 즐거움과 기쁨, 그리고 생각할 수 있는 기회까지 만들어주었어요."

깜짝 이벤트는 별다른 노력이나 비용 없이도 신상품이나 서비스를 소개하는 훌륭한 수단이 되기도 한다. 스타벅스의 고객인 모이라 스티븐슨의 경험담은 이를 가장 잘 설명해주는 예다. "일요일, 교회에 갔다 오는 길이었어요. 늘 그랬듯이 가장 친한 친구와 동네의 스타벅스매장에 들러 한창 유행하던 드라마 얘기에 열을 올렸죠. 여기까지는 여느 일요일과 별 다를 바 없었어요. 각자 라떼를 다 마시고 나서, 뜻밖에 특별한 순간을 맞은 거예요. 테이블에서 막 일어나는 우리에게 스타벅스 직원이 신제품 음료가 나왔다면서 쟁반 위에 놓인 작은 샘플링 컵을 건네주었어요. 올 여름을 겨냥한 새로운 맛의 프라푸치노가 출시되어 무료 시음행사가 진행 중이었던 거예요.

친구와 저는 기쁘게 샘플링 컵을 받아 들었어요. 주위를 둘러보니, 매장 안 분위기가 어느덧 작은 칵테일파티처럼 변해 있었어요.

매장 안은 곧 이 새로운 음료에 대한 이야기로 들떴지요. 심지어 서로 모르는 사람들끼리도 대화를 나누기 시작했어요. 우리도 이 사교의 장에 적극 동참했고요. 정말 기분 좋은 경험이었어요." 이런 이벤트가 있기에 고객들은 아무런 부담 없이 신제품을 맛볼 수 있었다.

전혀 예상하지 못했던 좋은 것을 접하게 되면 기쁨도 두 배가 된다. 최근에 스타벅스 고객이 된 드웨인이 자신의 경험을 이야기해주었다. "동네 스타벅스의 뮤직 바를 찾았어요. 스타벅스에 간 것도 처음이었고, 뮤직 바는 더더욱 금시초문이었죠. 바리스타 한 분이 저에게 다가와서는 뮤직 바 안에 있는 모든 음악을 무료로 들을 수 있다고 설명하며 음악 듣는 방법을 알려주고 가셨어요. 그 덕분에 잘 알지 못하고 접해보지 못한 가수들의 음악도 많이 들을 수 있었어요. 시간 가는 줄도 모르겠더군요. 정말이지 3시간 동안 마음껏 음악도 듣고 음료도 마시면서 혼자 시간을 즐겼어요. 더군다나 그 많은 곡들을 모두 공짜로 말이에요. 정말 놀라워요!" 드웨인이 다소 지나치게, 너무 쉽게 감동하는 것 아닐까? 그가 받은 서비스는 사용방법에 대한 짧은 안내뿐이었으니 말이다. 그러나 이 작은 정보 덕분에 그는 즐거운 발견과 놀라움으로 이어진 몇 시간을 보낼 수 있었다.

정보의 제공도 고객의 경험을 한층 업그레이드해주지만, 일상적인 일(그리고 평범한 장소)에 재미있는 요소를 덧붙이는 것 또한 인상적인 추억거리를 남길 수 있다. 브래드 몽고메리는 동기부여 연설가이자 유머 전문가다. 직업 특성상 그는 일에 재미를 느끼고 적극적으로 임하는 사람들을 찾기 어렵다는 사실을 누구보다 잘 알고 있다. 그런 브래드가 밝고 쾌활한 마음을 지닌 한 스타벅스 바리스타와 만나게 되었다. 그 바리스타 덕분에, 그저 평범하게 지나칠 수 있었던 커피 마시는 날이 브래드에겐 의미 있는 추억을 안겨주었다.

"스타벅스에 들어가 주문을 받는 여자분과 잠깐 이런저런 이야기를 나누었어요. 환한 웃음을 지닌, 정말 재미있는 사람이었지요. 그녀는 결제를 마치고 제 신용카드를 내밀었어요. 지금부터가 정말 재미있는 부분이에요. 제가 신용카드를 잡았는데, 그녀는 카드를 놓지 않고 오히려 잡아당겼어요. 전 그녀를 쳐다보았지요. 와우, 얼굴 한가득 미소가 번진 그 모습이란! 그녀는 소소한 장난기를 발동시켜 평범한 일상에 유쾌한 순간을 집어넣었어요. 이런 일터가 즐거울까요? 당연하죠! 한두 번 웃음을 짓게 되는 것만으로도 하루의 기분이 바뀔 수 있다는 걸, 그녀가 몸소 보여준 거예요. 그런 하루하루가 계속 이어진다면…"

이렇듯 사소한 행동들이 사람들 사이에 굉장한 연결고리를 만들어주는 경우가 비일비재하다. 매사추세츠 주 셜리에 사는 고객, 아이라 셜은 우연한 기회에 찾아온 놀람의 경험 덕분에 스타벅스에 특별한 관심을 갖게 되었다고 말한다. "작년 여름, 아내와 함께 시애틀에 갈 일이 있었어요. 모닝커피 한 잔이 간절했는데, 커피만 사고 빨리 호텔로 돌아오고 싶은 마음에 가까운 스타벅스 매장을 찾아 갔어요. 매장엔 정장을 차려 입은 직장인들이 주문을 위해 줄을 서 있었고 허름한 운동복에 샌들 차림의 저도 줄 뒤에 가서 섰지요. 제 차례가 되어 주문을 하려는데, 카운터 뒤의 바리스타가 '주말은 잘 보내셨나요?'라고 묻더라고요.

순간 입이 떡 벌어졌어요. 그리고 목구멍에서 낮은 신음소리 같은 게 튀어나왔어요. 솔직히 보통 그런 데서 잘 물어보는 겉치레 인사는 예상했지만, 친한 사람들끼리 물어볼 만한 그런 정겨운 질문을 할 줄은 전혀 생각지 못했어요. 요즈음은 정중함과 친절함을 찾아보기 힘든 세상인데, 그날은 정말 감동받았죠. 하지만 머릿속이 하얗게 되어서 그저 '저 여기 사는 사람이 아닌데요'라고 답할 수 밖에 없었어요.

그 바리스타는 제 대답을 듣자마자 '아, 그럼 어디서 오셨어요?'라고 물었어요. 정말 진심으로 묻는 게 눈에 보였어요. 보면서도 믿기 어려웠지만 말이에요. 아무튼 전 제가 사는 곳을 말해주었고, 이번 휴가 기간에 뭘 했는지 등등 즐겁게 이야기를 나누었어요. 커피를 받아 들고는 크림을 넣고 있는데, 우리의 대화를 우연히 엿듣게 된 여자분이 말을 걸더군요. 우리 셋은 정겨운 대화를 나누었지요. 그 여자분과 바리스타는 저에게 시애틀에서 구경해야 할 곳들을 알려주었어요. 정말 이상하게도 기분이 좋아졌어요. 사실 아무것도 아닌 대화였지만, 모르는 사람들과 대화를 하고 사귈 수 있는 시간을 가졌다는 게 정말 기분이 좋았어요. 스타벅스에서든 다른 장소에서든 이런 경험은 늘 뜻밖의 기쁨을 주잖아요."

훌륭한 리더들은 "즐거운 시간 보내세요" 등등의 식상한 접대용 멘트를 권하지 않는다. 대신 고객에게 예상 밖의 감동을 선사할 수 있는, 꾸밈없는 기회를 만들도록 도와준다. 고객, 동료, 공급업체, 그 누구를 대하든, 상대방에게 진심 어린 관심을 표할 때 무엇보다도 기쁜 놀람의 순간이 만들어진다.

독특한 놀라움은
종종 최고의 방안이 된다

고객을 놀라게 하는 일의 최대 강점은 그것의 독창성이라는 것을 스타벅스의 고위 경영진은 잘 이해하고 있다. 기분 좋은 놀라움을 선사할 기회는 어디에서나 찾을 수 있다. 현재의 고객, 미래의 고객, 심지어 당신의 회사를 이용할 생각이 없는 사람들에게 뜻밖의 선물을 안겨줄 수 있다. 당신의 회사를 찾은 고객에게만 놀람의 경험을 안겨줄 것이 아니라, 직접 사람들을 찾아가보는 건 어떨까?

'놀라운 경험을 찾아가는 여행(Traveling Surprises)'과 같은 스타벅스의 프로그램은 경영의 대가인 피터 드러커가 흔히 말하는 '비고객(noncustomers)'과의 관계를 형성하는 데 도움을 준다. 미국 스타벅스의 여러 지역매니저들이 전 도시를 대상으로 커피시음회를 펼치기로 결정했다. 그들은 이 프로그램을 '전 도시 커피타임'이라고 불렀다.

"커피, 재배과정, 로스팅과 추출과정 등 여러 방면으로 지식을 갖춘 10명의 커피 마스터가 직접 기차역으로 가서 테이블 세팅까지 마쳤어요. 기차역은 열차를 오르내리는 승객들로 붐볐고, 우리는 그들에게 무료로 커피를 나누어주었어요. 사람들은 놀란 듯 했어요. 물론 우리에게도 아주 좋은 기회였고요. 당시 스타벅스는 공정거래보증 커피를 알리는 행사를 진행하고 있었어요. 공정거래보증 원두를 사용하는 회사는 미국에서 스타벅스가 처음이었지요."

이 무료 시음행사의 주된 목적은 고객을 놀라게 하고 회사의 정책을 알리는 것이었다. 기차역의 승객들은 이런 행사를 단순히 스타벅스 매장으로 사람들을 모으려는 광고수단으로만 여기지 않고, 기분 좋은 경험으로 인식했다. 행사에 참여했던 한 지역매니저는 다음과 같이 말했다. "스타벅스 홍보를 이 행사의 목적으로 삼지는 않았어요. 고객에게 즐거움과 재미를 선사하는 일이 1차적인 목적이었지요. 하지만 행사가 진행되는 동안, 사람들은 스타벅스의 공정거래보증제도와 커피농가 지원정책을 살펴보고 이 회사가 사회적인 이슈를 진지하게 고민한다는 사실을 자연스럽게 알게 됐어."

스타벅스 파트너들과 기차역의 승객들에게 그날의 경험은 이벤트가 지닌 뜻밖의 선물이라는 속성을 통해 강한 인상을 남겼다. 그들은 어떠한 광고매체도 사용하지 않았고, 행사에 대한 사전홍보도 전혀 없었다. 그저 지나가는 승객들 손에 공짜커피를 쥐어주었을 뿐이다. 어떤 회사가 이처럼 사람들의 평범한 하루를 특별하게 만들어주기 위해 계획하겠는가?

기차역에서 커피를 무료로 나눠주는 행사는 분명 대외홍보용으로 진행된 것이 아니다. 그러나 스타벅스는 이러한 깜짝 이벤트를 광고 캠페인의 일부로 활용하기도 한다. 예를 들어, 간단히 광고판을 설치할 공간을 사는 대신, 자석으로 된 보통 사이즈의 커피 컵을 택시 위에 붙이는 방법을 택했다. 언뜻 보면 누군가가 실수로 택시 위에 컵을 놓고 가버린 것처럼 보인다. 택시 운전사들도 이 깜짝 이벤트에 참여했다. 이들은 택시 위에 컵이 놓여 있다고 알려주는 사람에게 스타벅스 상품권을 제공하였다. 이 기발한 아이디어는 광고(자석 컵)와 적극적으로 도움을 준 착한 사람들 사이에 유대관계를 형성시켰다.

스타벅스 경영진은 고객과 잠재고객 외에 파트너를 대상으로 특별한 이벤트를 마련해주기도 했다. 2004년에 연간 500시간을 일한 파트너들에게 250달러의 깜짝 보너스가 지급된 사례가 배려의 한 예다. 워싱턴 D.C.에서 근무하는 바리스타 짐의 반응이다. "지금까지 여러 식음료업계 회사에서 일했지만, 이렇게 큰 금액의 보너스를 하위 직원들 전체에게 지급한 회사는 처음이에요. 참고로 이 보너스는 점장이나 부점장이 아니라, 그 밑에 있는 바리스타와 아르바이트 파트너를 대상으로 한 것이었어요. 매일매일 사람들에게 라떼를 만들어주는 친구들 말이에요."

직원들이 기대하지 못한 부분까지 미리 생각하고 그들을 위해 깜짝 선물까지 준비하는 리더들이 있을 때, 그 회사에서 일하는 사람들의 사기가 높아지고 본인들도 그러한 배려를 본받아 실천하게 된다. 일에 대한 열정이 높아지고, 에너지도 충전하게 된다. 이 열광의 에너지는 전염성이 있어서, 회사 내의 사람들은 물론이고 외부의 고객들에게도 전해진다.

 성공적 비즈니스를 위한 경험 만들기

- 당신의 일터에서 기분 좋은 놀람의 경험을 한 적이 있나요? 어떤 경험이었나요?
- 작은 감사의 표시로 다른 이들을 놀라게 하는 방법을 생각해 보세요.
- 당신은 동료를 놀라도록 하고 기쁘게 하는 방법을 모색하기 위해 얼마나 많은 에너지를 쏟고 있나요?
- 다른 이의 삶에 놀라움을 선사하자는 다짐을 잊지 않기 위한 방법은 무엇이 있나요?
- 직장에서 뜻밖의 기쁜 경험을 창조하고자 많은 노력을 기울일 때, 당신에게는 어떤 이득이 생길까요?

고객과 진실한 관계를 만드는 메시지를 전하라

예상치 못한 깜짝 이벤트는 긍정적이고 역동적인 문화를 창조할 뿐만 아니라, 흔치 않은 파트너십을 이끌어내기도 한다. 한 가지 놀라운 사례로, 스타벅스 파트너들과 지역사회의 일원들이 그들의 스타벅스 커피 사랑을 지구 반대편의 군인들에게까지 전한 일이 있다.

블랙호크 헬리콥터 정비사이자 국가 근위병이었던 스코트 매튜스 하사관이 전해준 이야기다. 아프가니스탄의 험준한 산속으로 배치되기 약 한 달 전, 그는 캘리포니아 주 아타스카데로의 한 스타벅스 매장에서 에스프레소 기계와 원두커피를 구입했다. 그의 제수 씨인 에이미 뮐러가 그 매장의 바리스타였는데, 그녀는 그가 구입한 기계의 발송부터 배달까지 직접 챙겨주었을 뿐만 아니라, 같이 일하는 점장과 다른 파트너들, 고객들과 함께 마음을 모아 아프가니스탄 바그람 기지에 한 달에 두 번씩 무료 원두를 보내주기로 했다.

에이미의 설명이다. "제 업무는 자재공급이 원활하게 이루어지도록 하는 것이었어요. 처음에는 단골고객 몇몇에게만 아주버님 얘기를 했는데, 다들 돕고 싶어 하시더라고요. 나중에는 점장님의 허락을 받아 예쁘게 꾸민 병을 음료 받아가는 곳에 놓아두었어요. 선뜻 20달러나 넣어주시는 고객님들도 있었어요. 굉장히 놀랐어요. 그렇게 모인 돈이 자그마치 450달러나 됐어요. 어떤 고객님은 우리가 군인들을 잊지 않고 있다는 것을 그들에게 알려주는 것도 아주 중요하다고 하셨어요. 그분은 아이들과 함께 크리스마스용 박스를 따로 만들어 아프가니스탄으로 보내기도 하셨어요. 우리도 매장에서 사용하는 종이컵을 군인들에게 공급했어요. 진짜 스타벅스 커피를 마신다는 느낌을 주려고요."

운이 좋았는지, 매튜스 하사관 부대의 구성원 한 명이 스타벅스 바리스타 출신이었다. 매튜스의 부대와 스타벅스가 서로 협력하여 비행경로선 옆에 임시로 스타벅스 매장과 아주 흡사한 멋진 커피 가게를 오픈했다. 매튜스는 신나는 목소리로 그때 상황을 이야기했다. "통행권이 있어야 부대로 들어오는 게 가능한데, 우리가 나름대로 제공하는 스타벅스 경험을 체험하겠다고 통행권을 가진 사람과 동행해서 들어오는 사람들도 많았어요." 또한 고국에 있는 가족들을 위한 웹사이트에도 스타벅스 현수막이 펄럭이는 커피가게 사진이 올라왔다.

한편 웹사이트에서 이 사진을 본 군법무관들은 매튜스에게 가게의 운영을 중단하는 걸 고려해보라고 했다. 스타벅스의 저작권을 침해하는 일이 될까봐 걱정한 것이다. 그런 상황에서 아주 적절한 시기에 스타벅스의 군/정부 프로그램 책임자인 데이비드 실도로프가 매튜스 하사관에게 연락을 취했다. 그는 아프가니스탄의 비공식 지점에 스타벅스라는 이름을 사용할 수 있도록 지원해주겠다고 했다. 그러고는 놀라움과 기쁨의 세상으로 안내하는 마법의 질문을 던졌다. "더 필요한 건 없으세요?" 얼마 후, 데이비드는 스타벅스 지원센터로부터 환영의 마음이 가득 담긴 커피 그라인더를 선물로 보내주었다.

매튜스 하사관이 말을 이었다. "이 커피가게가 우리에게 얼마나 많은 기쁨을 선사했는지는 차마 말로 다 표현할 수 없습니다. 놀랍게도 고향의 느낌을 그대로 전해주었어요. 저를 비롯해 저와 함께한 부대의 군인들 모두 지원을 아끼지 않은 스타벅스에게 영원히 감사드립니다. 우리 제수씨, 아타스카데로 매장의 점장님과 파트너들 모두에게 정말 고마워요. 그리고 이렇게 조그만 가게가 많은 사람들에게 도움을 줄 수 있었다는 점에도 더없이 감사할 따름입니다. 어떤 사람이 커피를 기부하면서 인상적인 메시지를 담은 쪽지를 함께 보냈는데, 지금까지도 그 메시지를 줄줄 외우고 있어요.

'항상 여러분을 위해 무언가 하고 싶었습니다만, 무엇을 어떻게 도와야 하는지 몰라 망설였습니다. 자, 제가 커피 한 잔 쏘겠습니다' 라고 적혀 있었지요."

바리스타 에이미는 매튜스의 스타벅스가 만들어지게 한 최고의 기여자이다. 그녀는 자기 자신뿐 아니라 수많은 다른 사람들도 에너지를 쏟아 부을 곳을 마련하는 데 한몫을 했다. 이 프로젝트에 동참한 고객들은 남을 돕는 나눔의 즐거움을 공유할 수 있었다. 그들은 모두 독특한 방법으로 스타벅스와 인연을 맺었고 사람들의 삶에 감동을 주었다. 이렇게 회사와 고객이 함께 파트너십을 이루어 좋은 일에 힘쓸 때 생기는 고객의 신뢰와 애정은 제아무리 훌륭한 제품을 시장에 선보인다 해도 얻을 수 없는 값진 것이다. 그러므로 비즈니스 리더들은 이러한 파트너십을 지향하고, 직원들이 고객과 진실한 관계를 만들어나갈 기회를 적극 지원해주어야 한다.

기차역에서 이루어진 '전 도시 커피타임' 행사와 아프가니스탄 스타벅스의 사례를 통해 보았듯이, 기대를 뛰어넘는 깜짝 이벤트는 회사 건물이나 매장, 사무실 안에서만 일어나는 것이 아니다. 사실 다른 이들을 감동시키는(그리고 새로운 고객의 마음을 움직이는) 강력한 방법은 그야말로 뜻밖의 상황에서 그들이 놀라도록 만드는 일이다. 궁극적으로는 그러한 방식으로 회사의 브랜드가 사람들의 일상 속에 녹아들게 해야 한다. 그러면 이 회사가 결코 평범하거나 흔하지 않고 보기 드물게 특별한 회사라는 메시지를 사람들의 머릿

속에 각인시킬 수 있다.

기대치 않은 근원으로부터 퍼져나가는 즐거움

　사람들을 놀래고 기쁘게 하는 일이 지닌 또 하나의 장점은, 그것이 미치는 대단한 영향력이 다. 기업문화가 기쁨을 전파하는 일의 중요성을 포용한다면, 그 기쁨은 직원들 개개인의 삶으로까지 뻗어 나간다. 직원들은 고객에게 뜻밖의 기쁨을 선사하기도 하지만, 직원들 서로가 서로에게 기대 밖의 기쁨을 주기도 한다. 시카고의 스타벅스 바리스타인 베르나디트 로빈슨은 동료 파트너들의 도움으로 세계적인 유명인사와 조우하고 인생을 통째로 뒤바꿀 만한 놀라운 감동을 경험할 수 있었다.

베르나디트는 세 명의 아이를 키우는 미혼모였는데, 주립 아동보호소에 들어가게 된 조카들을 데려오면서 하루아침에 식구 수가 세배로 늘고 말았다. 그녀는 따뜻한 마음씨의 소유자였으나, 10명이나 되는 식구가 지내기엔 그녀의 아파트가 너무나 좁았다. 이 사실을 알게 된 직장동료 한 명이 오프라윈프리 쇼 제작진의 눈길을 끌기 위해 온 힘을 다해 그녀를 위한 캠페인에 나섰다. 오프라가 그녀를 도울 수 있도록 베르나디트와 함께 일하는 다른 파트너들 모두 할 수 있는 노력을 기울였다. 물론 베르나디트 본인은 모르게 진행된 일이다. 그들은 베르나디트를 대신하여 오프라에게 엄청난 편지공세를 펼쳤다. 결국, 오프라는 베르나디트가 일하는 매장 카운터에 나타나 그녀를 깜짝 놀라게 했다! 동료들의 간곡한 요청에 대한 답으로, 오프라는 베르나디트가 돌보는 아이들 모두가 마음껏 쇼핑할 기회를 제공해주었다. 그게 끝이 아니었다. 베르나디트와 그녀의 가족을 위한 새 집, 그것도 가구가 모두 갖춰진 집도 마련되었다!

스타벅스에서는, 리더들이 직원을 놀라게 하고, 또 그 직원들이 고객을 놀라게 한다. 이러한 문화 한가운데서 일하는 베르나디트의 동료들이 그녀에게 깜짝선물을 선사하려고 그토록 애쓴 것은 어찌

보면 아주 당연한 일이다. 이렇게 역동적인 에너지는 고객에게 흘러 넘쳐 의식하지 못한 채 서로를 놀래고 기쁘게 한다.

바리스타 다니엘의 이야기를 들어보자. "드라이브인 매장에서 어떤 신사분의 주문을 받았는데, 글쎄 다음 분이 드실 음료를 사시겠다고 하지 않겠어요? 뒤차에 탄 사람의 음료 값을 내면, 뒤차에 타고 있는 분은 또 자기 뒤에서 기다리는 사람의 음료 값을 대신 내줄 것 같다는 생각이었어요. 그분은 이 깜짝 이벤트가 계속 이어지면 좋겠다고 하셨어요. 실제로 그런 식으로 11대의 차량이 지나갔다니까요. 모두들 눈물 날 만큼 감동을 받았죠." 11대의 차량이 차례로 지나가는 내내 놀랍고 기쁜 일이 줄줄이 일어났다. 그러나 이건 아무것도 아니다. 연속으로 33대가 뒤차 고객의 음료 값을 지불한 매장의 사례도 있다. 스타벅스의 짐 앨링 인터내셔널 사장은 주주총회에서 다음과 같이 말했다. "'뒷사람 음료 값 지불하기'와 같은 사례처럼 놀래고 기쁘게 하는 행동이 스타벅스 파트너들이 고객에게 건네는 '커피 한 잔'을 시작으로 퍼져나갈 수 있습니다."

스타벅스는 놀라운 경험들을 만들어낸다. 이러한 경험들 덕분에 파트너들이 일에 몰입하고 고객들이 또 다시 스타벅스 매장을 찾는다. 바로 이것이 포장 속 사은품과 같은 깜짝선물의 힘이다. 그런데 정작 캐러멜을 입힌 팝콘은 어떻게 할까? 이러한 질문을 던진 당신은 드디어 일관성과 기쁨이 등장하는 지점에 돌입한 것이다!

성공적 비즈니스를 위한 경험 만들기

- 단골고객부터 처음 보는 사람까지, 당신은 그들에게 어떻게 놀람의 경험을 선사할 수 있나요?
- 재미있고 의미 있는 깜짝 이벤트는 자연스럽게 일어날 수도 있고, 세심하게 준비된 계획에 의한 것일 수도 있습니다. 당신 주변의 사람들에게는 어느 편이 더욱 감동적일까요?
- 뜻밖의 선물을 선사하기 위해 당신은 어떠한 노력을 하고 있나요?
- 당신의 회사 내부를 살펴보세요. 직원이나 동료들과 즐거움을 공유하는 방법은 무엇인가요? 또 그들이 다른 사람들과도 즐거움을 공유해야겠다고 느낄 수 있도록, 당신이 할 수 있는 깜짝 이벤트는 무엇이 있나요?

고객을 기쁘게 해주기

이 세상에 확신할 수 있는 것은 세금과 죽음뿐이라는 말이 있다. 변함없는 품질과 경험도 그처럼 확실하다면 얼마나 좋을까? 일관성은 희소하면서도 가치가 있기 때문에 일관성의 문제를 정복한 기업들은 결국 번창하게 된다.

예측 가능성이 곧 고객의 기쁨을 만들어낸다. 회사가 약속한 사항을 지켜내리라는 것을 알 때, 사람들은 만족하고 기뻐한다. 설령 무언가 잘못되었다고 하더라도 직원이나 매니저가 수고를 더하여 적절한 조치를 취하면, 역시 고객들은 흡족해진다. 고객을 기쁘게 하는 일은 고객과 편안하고도 믿음직스러운 관계를 맺어가기 위한 기초가 된다. 이는 흔들리지 않는 헌신이 빚어낸 결과다.

익숙함을 만들가:
제품의 예측 가능성

좋은 기업은 언제나 예측 가능한, 즉 믿을 만한 제품을 제공한다. 스타벅스 임원인 마틴 콜스는 품질 일관성의 중요성을 재차 강조한다. "우리가 정말로 추구하는 것은 사람들 각자의 '스타벅스 경험'입니다. 즉 '나만의 스타벅스 경험'을 갖게 하자는 것입니다. 어느 매장에 가든 그 경험은 좋은 것이어야 합니다. 매장마다 다른 파트너가 맞이하겠지만, 전반적으로 그 경험이 비슷하다면 스타벅스에 애정이 생길 것입니다. 스타벅스가 집처럼 편하다는 느낌이 조금씩 자라면서 그 안에서 만족스럽고 즐거운 시간을 보낼 수 있게 될 것입니다."

여러 도시, 여러 국가를 오가는 고객들이 스타벅스에 대해 떠올리는 것은 바로 이런 일관성이다. 폴 비아피아노는 LA 필하모닉, 할리우드 볼 오케스트라와 함께 국제 순회공연을 다니는 음악인이자, 스타벅스를 애용하는 고객이다. 폴도 스타벅스의 일관성을 언급했다. "세계 어디를 가도 스타벅스는 똑같습니다. 에든버러, 런던, 일본 등지의 스타벅스에 다 가봤어요. 모두 절 실망시키지 않았고요. 스타벅스는 여행자에게 있어 가장 좋은 벗이에요!"

스타벅스의 경영진은 전설의 서비스라는 기준을 지키고, 그것이 가능하도록 다섯 가지 원칙을 규정하고, 성공과 실패 사례를 직원들과 공유한다. 이를 통해 각 매장이 공동의 목표 아래 결집될 수 있도록 한다. 일관성이란 이 회사와 이 회사의 제품과 서비스가 안전하다는 걸 고객이 안다는 의미다. 그들은 스타벅스를 믿고 스타벅스를 자기 삶 속의 중요하고 특별한 시간으로 편입시킨다. 스타벅스 단골고객인 엘리프 와이즈컵에게, 스타벅스는 정신없이 분주한 여행 가운데서도 안정감을 주는 역할을 한다.

엘리프의 남편은 정치 컨설턴트라고 한다. "남편은 정말 열심히 일해요. 자기 일을 무척 사랑하죠. 수시로 비행기를 타고, 호텔에서 지내고, 포커스 그룹을 만날 때마다 시차적응을 겪고 입후보자를 만나고, 선거운동 계획을 세워요. 그이는 여러 나라를 누비는데, 가끔씩 저도 시간이 있으면 그이를 따라 나서기도 해요. 안 그러면 그 남자의 얼굴을 잊어버릴지도 모르니까요!

그이가 일을 맡고 나서 가장 먼저 하는 일은 스타벅스가 어디 있는지 알아내는 거예요. 꼭 베이스캠프를 세우는 것처럼요. 다른 곳은 절대 안 돼요. 물론 그이가 지내는 곳은 호텔이에요. 물론 유럽풍 아침식사랍시고 딱딱하게 굳은 머핀을 먹고 화장실 세면대에서 받은 물로 손수 내린 커피 한 잔으로 하루를 시작할 수도 있겠지요. 하지만 깨끗하고 밝은 스타벅스로 걸어 들어가는 느낌, 어디에서든지 친절한 직원의 도움을 받는 기분은 음료 한 잔 값 이상의 가치가 있어요. 툭하면 낯선 환경에 놓이게 되는 우리 삶에선, 그곳의 친근한 환경이 더없이 위안이 돼요. 우린 그 점에 언제나 감사하고 있습니다."

고객이 언제 어디에 있든 기대한 그대로를 제공받을 수 있다는 사실을 알면, 그 기업의 브랜드는 가장 중요한 영역에서 강점을 키워갈 수 있다. 그 영역은 바로 고객의 마음과 심장이다. 그런 브랜드는 말 그대로 다른 기업이 따르고 싶은 표본으로 거듭난다. 예를 들어, 스타벅스 단골고객들이 다른 커피숍에 들어간다면 기대한 것을 얻지 못할 위험 속으로 자진하여 뛰어드는 셈이며, 그곳에서의 경험이 "스타벅스만큼은 아니야"란 결론이 난다면 실망할지도 모른다.

일관성은 고객의 신뢰를 낳는다. 고객은 믿을 만한 경험에 비추어 이 회사를 신뢰해도 되겠다는 마음이 들 때 안정감을 느낀다. 고객인 윌리엄 스튜어트에게, 스타벅스는 안정감을 주고 어려운 시기를 이겨 나갈 수 있는 힘이 되었다고 한다. 그는 자초지종을 이렇게 설명했다. "안 그래도 심장이 안 좋으셨던 아버지가 얼마 전에 출장을 가셨다가 병세가 악화되어 병원에 입원하셨어요. 저는 소식을 듣자마자 곧바로 휴스턴으로 아버지를 만나러 갔지요. 비행기 속에서도 제 가슴은 타 늘어가는 것 같았어요. 마침내 병원에 도착해서 아버지가 회복 중인 것을 확인하는 순간, 그 다음에 생각난 것이 스타벅스였어요. 머나먼 땅에 와서도 집 근처에 있는 것 같은 기분에 얼마나 위안이 되었는지 몰라요."

일관성은 한 치 앞을 예측할 수 없는 요즘 세상에서 가장 정적인 성공요소에 속한다. 셀 수 없는 전화통화, 갑작스러운 마감기한처럼 기운 빠지는 일들이 산재할 때, 우리는 친근하고 편안한 안식처를 원한다. 많은 사람들이 스타벅스의 모닝커피에서 안식을 찾는다. 좋아하는 저자의 책이나 잠들기 전 몇 분간의 명상으로 위안을 얻는 사람들도 있다. 사람들은 이러한 기쁨의 원천에 의지해도 된다고 믿게 된다. 그것들은 단순하면서도 변하지 않는다는 사실이 확실하기 때문이다.

예측할 수 있는
경험을 창조하라

예측 가능성은 실현하기 어려운 과제이다. 이틀 연속 똑같은 사람에게서 유사한 서비스를 받기는 힘들다는 것을 우리 모두 잘 알고 있다. 스타벅스가 직면한 도전과제들을 생각해보자. 경영진은 전 세계의 수천 개 매장에서 매일매일 일관성 있는 제품과 서비스를 제공하도록 만전을 기해야 한다. 스타벅스는 예측 가능성, 높은 품질의 경험이 뒷받침되어야 고객의 충성도가 극도로 높아진다는 점을 잘 알고 있다. 이러한 이유로, 스타벅스가 최우선으로 치는 것은 고객을 기쁘게 하여 기억에 남을 만한 서비스를 제공하는 것이다.

스타벅스 파트너들, 특히 고객과 직접 대면하는 파트너들은 모두 고객에게 기쁨을 선사하는 것이 중요함을 교육받는다. 한 바리스타의 설명에 의하면, "스타벅스가 가장 관심을 두는 부분이 명성에 걸맞은 서비스라는 것을 잘 알고 있습니다. 단지 괜찮다 정도가 아닌 거의 전설적인 것이어야 해요. 제가 일하는 매장의 위치가 그렇게 편하게 올 만한 곳은 아니지만, 의외로 단골고객이 꽤 많습니다. 우리가 제공하는 서비스가 항상 한결같기 때문입니다. 처음 오신 고객님도 일단 우리 음료를 맛보시고, 혹시 맘에 안 드시면, 맘에 드실 때까지 맞춰드리거나 새로운 것으로 바꿔드리기도 합니다. 제가 다녔던, 혹은 제가 전에 일했던 다른 커피숍의 직원들은, 오직 돈 때문에 일하는, 일에 흥미도 없는 대학생들이 대부분이었어요. 고객으로서 그리고 직원으로서, 스타벅스에 오게 된 게 저로선 얼마나 다행인지 모릅니다."

스타벅스는 고객이 지속적으로 최상급 서비스를 경험하도록 유도하여 자체적으로 대화와 연결, 재연결을 위한 공간이 되었다. 고객들은 매일 진행하는 의식처럼 스타벅스를 삶 속에 포함시키고 있다.

캘리포니아 주 새크라멘토에 사는 에리카는 아들이 처음 말한 단어가 "엄마, 스타벅스"였다고 한다. 이를 듣고 스타벅스가 자신의 삶에서 얼마나 큰 비중을 차지하는지 새삼 깨달았다고 한다. "처음에는 일주일에 한두 번 아침에 장을 보고 은행에 갈 때 스타벅스에 들렀어요. 그런데 어느 순간부턴가 제가 이틀에 한 번 꼴로 장을 보러 가고 있었어요. 은행은 장을 보러 가지 않는 날에 가고요.

왜냐고요? 그건 아마도 은행일이나 장보기를 핑계로 스타벅스에 갈 수 있었기 때문일 거예요. 또 제 꼬맹이는 몸에 좋은 주스 한 병이면 울음을 뚝 그치거든요. 곧, 제 아들도 저만큼이나 이런 아침 의식을 기다린다는 걸 알게 되었어요."

인간은 본래 의식을 좋아한다. 스타벅스 경영진은 친근하고 일관적인 경험을 제공하여 고객의 의식과 일상의 한 부분이 될 수 있음을 간파했다. R. 토드 볼딘 목사도 스타벅스 경영진과 같은 의견을 가지고 있다. "언제든지 오후쯤에 스타벅스에 가보세요. 테이블에 둘러앉아 몇 시간이고 수다를 떠는 젊은이들을 쉽게 볼 수 있을 거예요. 비즈니스 회의도 거기서 하고요. 시원한 프라푸치노가 간만에 친구들을 모이게 한다니까요. 카운터에서 일하는 분들은 우리 이름을 알게 되면 컵에 그 이름을 써주기도 해요. 스타벅스는 안전하고, 인간적이며, 단순해요. 어떤 면에선 우리의 일상이기도 하지요. 자꾸만 그곳을 찾게 되는 것도 그런 이유인 것 같아요. 스타벅스는 모든 사람들의 취향을 파악해냈어요."

대다수 사람들의 호감을 지속적으로 끌어내는 회사가 있다면, 다른 사람들도 공동체에 속하여 즐기고픈 마음에 그곳으로 모이게 된다. 그래서 리버티힐 연합감리교회 목사인 조시 로더밀크는 스타벅스를 교회 사무실로 삼았다. "스타벅스가 직장과 집 외에 제3의 공간으로 자리매김하려는 걸 알고 있습니다. 하지만 저에겐 일하는 곳, 즉 제2의 공간인 셈입니다. 사람들이 모여 공동체를 이루는 곳이 스타벅스이고, 바로 그런 이유로 저도 그곳으로 들어갑니다."

　　스타벅스는 비슷한 규모의 여타 기업들에 비해 훨씬 적은 광고비로 브랜드를 구축했다. 고객들은 지속적으로 긍정적인 경험을 쌓으면 그것을 어떻게 해서든 다른 사람들과 공유하고 싶어 한다. 입소문을 타고 퍼지는 광고효과는 영원히 지속된다. 일관성을 보여주어 고객에게 편안하고 확실하다는 믿음을 심는 것이 중요하다. 그렇게 스타벅스는 사람들이 모이는 공간의 대명사가 되었다.

뭔가 잘못되었을 때에도 고객들을 기쁘게 하라

실수는 일어나게 마련이다. 중요한 건 실수가 일어났을 때 회사나 직원들의 반응이다. 대부분의 기업은 고객과의 관계에 해가 가지 않도록 실수에 대한 변상을 적절히 하는 데 중점을 둔다. 그러나 만약, 실수가 기쁨을 주는 돌파구로 이어진다면 어떨까?

스타벅스의 경영진은 불만족스러운 고객들이 있으면 경험을 발전시킬 기회로 받아들인다. 스타벅스의 신규사업부 수석부사장인 그렉 존슨의 설명을 들어보자. "우리가 맞이한 고객이 다음에도 반드시 찾아온다는 법은 없지만, 간혹 더 좋은 서비스를 위한 조언을 해주시는 고객들은 있습니다. 그런 기회는 꼭 붙잡아야 합니다. 고객 한 명 한 명의 불만사항을 검토할 때, 그들의 신뢰를 다시 얻을 수 있습니다. 게다가 다른 고객에게도 좋지 않은 인상을 줄지 모를 실수를 재정비할 기회가 되기도 하지요."

이를 위한 한 예로, 스타벅스는 모든 파트너들이 고객의 요구가 충족되지 못할 때 최선을 다하여 고객만족을 실현할 수 있도록 독려한다. 스타벅스 고객인 대릭 로칠 리가 자신의 경험담을 이야기했다. "근처 스타벅스 매장에 그란데 사이즈의 화이트 초콜릿 모카를 마시러 갔어요. 주문을 받는 바리스타는 화이트 초콜릿 재료가 다 떨어졌다고 말하며 다른 음료를 마시겠는지 물어봤어요. 전 할 수 없이 카페모카 레귤러 사이즈를 마시겠다고 했어요. 그랬더니, 어떻게 됐는지 알아요? 제가 원했던 음료를 만들어 줄 수 없으니, 카페모카를 공짜로 주겠다는 거예요. 고객감동 서비스란 바로 이런 걸 말하는 거 아닐까요? 그렇게까지 하지 않아도 전 괜찮았거든요? 그런데 굳이 그런 서비스를 제공해서, 저처럼 스타벅스가 좋다고 소문을 퍼뜨리는 단골고객이 한 명 더 늘어난 거예요."

매장 파트너 중 일부는 권한이 한정돼 있기 때문에 자기가 고객에게 어떤 도움을 줄 수 있는지 잘 모를 때가 있다. 전에 고급 프렌치 프레스를 구입한 고객 한명이 필요한 교환부품을 구할 수 있을 거란 생각에 동네 스타벅스 매장을 찾았다. 바리스타는 이 고객의 기대를 충족시켜줄 수 없음을 알았다. 매장에서는 다른 프렌치 프레스를 새로 사는 수밖에 없었다. 바리스타는 고객의 요구를 해결해주기 위해 사방팔방으로 알아보다가, 다른 방법을 꼭 찾아드릴 테니 잠시만 기다려달라고 양해를 구했다.

"고객님에게 우리 매장은 부품을 구비해두지 않는다고 말씀드리고, 고객께서 이미 사용한 프렌치 프레스라도 새것으로 바꿔드리면 어떨까 해서 백룸으로 들어가 점장님께 여쭤보았어요. 잠시 후 저는 다시 나와서 고객님에게 새것으로 교환해드리겠다고 말씀드렸어요. 그때 고객님의 표정을 다들 보셨어야 했는데, 그분은 몇 번이고 저에게 확인했고, 마음이 조금 안 좋다고도 말씀하셨어요. 공짜로 새 걸 얻으려고 여기 온 게 아니라시면서요. 저는 그분께 거듭 괜찮다고 말씀드렸어요. 진짜 아무 문제가 없다고 당부했죠. 그분은 너무 감동한 나머지, 편지나 전화로 본사에 고마움을 전해야겠다며 연락처를 물어보셨어요. 우리가 그분의 하루를 기분 좋게 만들어드린 거죠. 그 기분도 엄청 좋던데요!" 처음에는 고객을 실망시킬 일뿐이었지만, 이 매장의 리더는 팀원이 해결책을 찾고 고객을 기쁘게 하도록 도왔다. 그리고 지속적이며 좋은 관계를 만들어 냈다.

고객이 실수나 잘못을 했을 때도 직원이 적극적으로 나서서 기쁨을 드릴 수 있다. 스타벅스 단골고객인 로라 버니어가 이런 경우를 직접 겪었다고 한다. 날씨가 험한 날이었는데도 그녀는 잊지 않고 스타벅스에 들러 그란데 사이즈의 무설탕 카라멜 마키아또를 주문했다. 그런데 막상 돈을 내려고 보니 지갑을 놓고 온 사실을 알아챘다. 그 사실을 알아챈 바리스타는, "괜찮아요. 음료가 꼭 필요하신 듯 한데, 돈은 다음에 주세요"라고 말했다. 당황했던 로라는 마음이 편안해졌다. 그녀는 스타벅스에 대한 애정을 아낌없이 표현한다. "하여튼 재수가 없는 날도 스타벅스에 들어가는 순간부터는 180도 달라진다니까요."

하루하루를 마무리하면서, 오늘은 단순히 다른 이들을 만족시키는 것을 넘어 조금만 더 신경 써서 그들을 기쁘게 했는지 돌이켜보자. 그랬다면, 당신은 결국 놀랄 만한 결과들로 보답받게 될 것이다. 마케팅 장인 브래드 스티븐슨은 이렇게 단언한다. "스타벅스는 일관성 있고 친근한 매장을 만들어 동네의 안방으로 자리매김하고 있습니다. 호감을 사는 것만으로는 만족할 수 없습니다. 우리는 사랑받길 원합니다. 로맨틱한 사랑이나 자식을 향한 어머니의 사랑을 바라는 게 아닙니다. 사람들이 '오, 내 사랑 스타벅스!'라거나 '거기 음료 없으면 못 살겠어. 사람들도 너무 사랑스럽고'라고 말하는, 보기 드문 상황을 맞길 기대하는 것입니다. 사랑 받는 회사가 되겠다는 목표가 뻔뻔하다는 것도 압니다. 그렇지만 그런 회사가 존재할 수 있다면 바로 우리가 되지 말란 법은 없지 않습니까? 고객과 깊은 관계를 맺고, 그들을 기쁘게 하는 서비스를 지속적으로 추구하다보면, 결국에는 목표를 달성할 수 있다고 믿습니다."

예측 가능한, 일관성 있는, 의식처럼 여겨지는, 꾸준히 반복되는, 공동체를 이루는, 실수를 만회하는 서비스. 관건은 바로 이런 것들이다. 당신과 당신의 회사가 비즈니스를 하며 만나게 되는 모든 사람들 하나하나를 기쁘게 하는 데 성공한다면, 당신은 사랑받는 회사의 일원이 될 것이다. 또한 당신의 고객들은 캐러멜 팝콘과 깜짝선물까지 모두 얻어가게 될 것이다.

💡 성공적 비즈니스를 위한 경험 만들기

- 제품이나 서비스 면에서 예측 가능성을 향상시키려면 당신과 당신의 회사는 어떻게 해야 할까요?
- 당신의 회사가 고객을 꾸준히 기쁘게 하고 그들의 일상과 의식에서 한 부분을 차지하도록 하려면 어떻게 해야 할까요?
- 어떻게 하면 사랑받는 회사의 위치에 오를 수 있을까요?
- 고객의 실망을 기억에 남는 감동으로 전환하기 위해 당신은 무엇을 할 것인가요?

고객에게 기쁨은 캐러멜 팝콘과 같다. 놀라움은 깜짝 사은품과 같다!

- 오늘날, 사람들은 가장 평범한 제품 속에서도 감탄할 거리를 찾길 기대한다.

- 꾸미거나 강요된 것이 아닌 자연스럽고도 자발적인 이벤트가 가장 큰 효과를 발휘한다. 우선 당신의 도움이 필요한 곳을 찾고, '짜잔!' 하고 나타나 필요를 채워주어라.

- 간단한 안내만으로도 고객을 놀라게 할 수 있다. 그 다음으로 사람들이 원하는 것을 얻기 위한 방법을 알려주면 그들을 기쁘게 할 수 있다.

- 다른 사람들을 기분 좋게 놀라게 하려는 당신의 노력은 전염이 되어 널리 퍼진다.

- 실수가 있더라도 제대로 만회할 수만 있다면 회사는 여전히 고객에게 기쁨을 줄 수 있다.

- 편안하고 믿음직한 관계를 창조하려는 일관된 노력이 있을 때 고객의 기쁨도 따라온다.

스 타 벅 스 경 험 마 케 팅

제 4 장

저항을
포용하라

EMBRACE RESISTANCE

"비판에 신경 쓰지 마라.
사실이 아닌 비판은 무시하고, 불공평한 비판에 초조해하지 마라,
어리석은 비판에는 웃어주어라.
정당한 비판이라면, 그 비판으로부터 배워라."

- 작자 미상 -

독일의 시인 하인리히 하이네는 이렇게 말했다. "비판의 가치를 아는 사람만이 칭찬을 통해 성장한다." 스타벅스 퍼즐의 주요 조각 중의 하나가 바로 '비판의 가치'를 안다는 점이다. 이것은 이 장에서 다룰 원칙인 "저항을 포용하라"에 매우 큰 역할을 한다. 저항을 포용한다는 것은 기업과 개인이 회의주의, 짜증, 또는 경계심과 맞닥뜨렸을 때, 오히려 이러한 상황을 기회로 전환할 수 있는 복합적인 기술이라고 볼 수 있다.

이 원칙을 실천하기 위해 리더들은, 자신의 의견을 통해 기업이 발전하기를 원하는 고객과 어떠한 경우에도 만족하지 않고 불평을 절대 멈추지 않는 고객을 구분할 수 있어야 한다. 저항을 포용하는 것은 단지 도전적인 사람들이나 그룹을 달래어 단순히 잠잠히 만드는 것이 아니다. 항상 의견을 들어주기가 쉽지 않은 개인들로부터 배우는 데 초점을 맞추는 태도이다.

비판을 받아들이다

사업을 하면서 언론에서 회사의 이름을 보는 것은 기분 좋은 일이다. 하지만, 언론이 부정적인 어조로 당신의 회사를 표적삼아 언급한다면 이것은 완전히 다른 이야기가 된다. 스타벅스도 이러한 경험을 했다. NCBS의 수석 교육 컨설턴트인 데이비드 M. 마틴이 〈뱅크스톡스닷컴〉에 스타벅스의 서비스 문제를 가차 없이 비판한 칼럼을 실었다.

'잠에서 깨어 라떼의 향기를 맡아보세요'란 제목의 이 칼럼에서, 데이비드는 다음과 같이 지적했다. "지금까지 내가 가장 좋아하던 스타벅스의 특징이 점점 사라지고 있다. 그 특징은 바로 '일관성'이다. 얼마 전까지만 해도 내가 스타벅스에서 실망스러운 서비스를 받았던 적은 거의 없었다. 환한 대낮이든 어두운 밤이든, 어떤 도시에 있든 어떤 제품을 선택하든, 내가 기대하는 그대로의 맛을 음미할 수 있는 제품과 원하는 그대로의 서비스를 받을 수 있다는 확신이 있었다.

그러나 최근 들어 불쾌한 제품과 서비스 때문에 날 깜짝 놀라게 하는 매장이 생겼다. 특히 우리 집 근처의 스타벅스 매장 두 곳은 내 기대를 채워줄 확률을 반으로 낮춰버렸다. 공교롭게도 이 두 매장 근처에 또 다른 경쟁사의 커피숍이 운영되고 있다."

금융업계의 고객서비스 전문가로서 명성을 떨치고 있는 데이비드는 다음과 같이 실망스러운 감정을 요약했다.

"이 사례로부터 우리 모두가 배울 수 있는 점은 언제나 승승장구하기만 하는 브랜드란 없다는 사실이다. 한 때 금융업계에서, 잘 관리된 브랜드와 고객만족 우선의 원칙을 준수하는 모범적인 사례로 스타벅스를 꼽았다고 들었다. 그러나 거대한 규모의 충성고객을 기반으로 하는 스타벅스 같은 기업마저 서비스 수준의 일관성을 상실했다면, 견고한 갑옷에도 틈이 생기고 말았다는 증거다. 대개 브랜드를 약화시키는 것은 일시적이고 드라마틱한 사건이 아니다. 오히려 미미하다고 여겨질 만한 점진적인 부식이 '서서히 통증이 커지듯이' 다가오는 경우가 더 많다. 또한 대개의 경우, 약간 떨어지는 품질이라는 '예외적인' 상황이 점차 보편적인 기준으로 자리 잡게 된다. 편의성면에서는 전과 다름없이 보이지만, 고객의 경험은 점점 악화되어 간다."

다른 많은 기업들이 그러했듯이, 이와 같은 부정적인 여론은 리더의 저항에 따라 필자의 사소한 의견으로 치부되거나, 솔직한 자기성찰의 기회로 받아들여지지 않을 수 있다. 다른 기업의 리더들이었다면 프로모션이나 기타 방법을 이용하여 고객의 시선을 다른 곳으로 돌렸을 것이다.

그러나 스타벅스 경영진은 비판을 적극적으로 수용하고 경청하는 기업을 발전했다. 데이비드 마틴이 자신의 부정적인 경험을 다룬 칼럼을 발표한 이후 스타벅스는 이 '불만'을 해결하고자 먼저 조치를 취했다.

"칼럼이 발표되고 며칠 후, 공항에서 내 음성 메시지를 확인하다 주의를 끄는 메시지를 하나 발견했다. 그렉 존슨이라는 사람이 정중하게 보낸 메시지였다. 그는 바로 스타벅스 신규사업부 수석부사장이었다. 그는 내 칼럼을 읽었으며 이와 관련해서 나와 논의할 기회를 얻을 수 있다면 감사하겠다는 메시지를 남겼다. 난 그 순간 약간 움찔했다.

(…) 그날 저녁 그렉과 연락을 할 수 있었다. 사실 나는 썩 유쾌하지 않은 소통이 될 거라고 예상했다. 비판적인 피드백을 받으면 과잉방어를 하는 기업간부들이 있기 때문이다. 물론 그렇다고 해서 진실이 달라지지는 않는다.

우선 그렉은 스타벅스에 대한 내 관심에 감사하다고 표현했다.

그는 스타벅스가 추구하고 고객이 기대하는 그런 경험을 선사하지 못한 점에 대해 정중히 사과했다. 통화가 시작된 지 10초 만에 그렉은 기분 좋은 통화로 분위기를 바꿨다."

결국 데이비드와 그렉은 긍정적이고 지속적인 관계로 발전할 수 있었고, 그렉을 위시한 스타벅스 리더들은 데이비드가 속한 조직이 후원하는 행사에서 연설을 하기도 했다. 게다가 그렉은 데이비드의 초기 비판 내용을 매장 파트너를 대상으로 하는 교육 자료로 사용하기도 했다. 아래는 데이비드의 관점을 정리한 것이다.

일련의 경험은 나에게 다음과 같은 교훈들을 명확히 전달해주었다.

1. 고객의 부정적인 피드백을 받았을 때, 그 피드백이 오히려 고객과의 관계를 굳건하게 해줄 수 있음을 인식하라. 우선 고객이 보여준 관심과 불만사항에 대해 감사를 표한다면, 당신은 고객을 놓치지 않을 뿐 아니라 회사의 발전을 위한 유용한 피드백을 얻을 수도 있다.

2. 경영진이 진심으로 피드백(긍정적인 것이든 부정적인 것이든)을 소중하게 배려하는 모습을 지켜본 직원들도 그 태도를 본받아 실천할 것이다. 경영진이 문제점을 인식하고, 개선하고, 관계를 더욱 공고히 하는 것을 지켜본 직원들 또한 그렇게 행동할 것이다.

그렉에게 수석부사장이 굳이 시간을 들여 금융기관 웹사이트의 한 칼럼에 대응한 이유를 물어보자, 그는 이렇게 대답했다. "고객의 관점을 헤아릴 수 있기 때문입니다. 고객과의 관계를 회복할 수도 있지요. 그러나 먼저 행동을 취한 가장 중요한 이유는 학습의 기회가 되기 때문입니다. 우리가 할 수 있는 게 무엇인지, 더 잘할 수 있는 방법은 무엇인지, 다르게 대체하는 방법은 무엇인지, 우리 바리스타들이 더 나은 바리스타가 되고 고객 서비스 전문가가 되도록 어떻게 도울 수 있는지, 궁극적으로 리더의 입장에서 최고의 경험을 선사한다는 우리의 최종목표를 향해 파트너들을 좀더 효과적으로 이끌 수 있는 방법을 배울 수 있기 때문입니다."

이에 덧붙여, 그렉은 리더라면 데이비드의 비평과 같은 피드백을 받아들이고, "경영진 수준에서 그런 피드백을 발전시켜야 합니다. 여기에서 전략 수정이 필요한지, 새로운 결단을 내려야 하는지, 사업 자체를 다르게 봐야 하는지에 대한 충분한 가치판단의 근거 자료가 있는지를 자문할 수 있어야 합니다"라고 말한다.

고객의 불만들을 다른 매니저들과 공유할 때, 빈번히 발생하는 소모적인 상황들을 개선할 수 있는 전략이 개발될 수 있다. 이 동일한 불만사항들을 일선의 직원들에게 다시 알려주면, 직원들이 그러한 상황에 더 효과적으로 대처할 수 있는 구체적인 자료가 되는 셈이다.

그렉의 설명을 더 들려주겠다. "고객의 구체적인 경험을 실제로 그런 상황에 놓인 일선의 파트너들과 공유하는 것은 매우 효과적입니다. 데이비드의 기사는 물론이고 고객이 보낸 편지나 전화처럼 직접 전달된 메시지는 전체 고객의 42.5퍼센트가 우리 서비스에 매우 만족한다는 보고서보다 훨씬 설득력이 있어요. 타인의 글을 읽거나 타인의 목소리를 들을 때 생기는 감정적인 연대감은 그 무엇보다도 강한 효과를 발휘합니다. 이것은 통계보고서가 제시할 수 있는 수준을 넘어서서 사람의 감정을 사로잡아 완전히 다른 행동을 할 수 있도록 이끕니다."

회사의 역사를 통틀어, 스타벅스의 리더들은 데이비드의 비판보다도 훨씬 더 강도 높은 비판을 감수해냈다. 스타벅스처럼 빠르게 성장한 회사들은 필연적으로 이러한 논란의 중심에 서게 된다. 그러나 그렉 같은 리더들과 핵심가치, 언론에 대한 분석이 있었기에, 스타벅스는 반대를 포용할 수 있는 능력을 발전시켜 왔고 이를 통해 계속 전진할 수 있었다. 즉 비평이나 반대를 무시하는 것이 아니라 그런 목소리를 배움의 기회로 삼아 경청할 줄 알았다.

스타벅스의 매니저들은 조직적인 수준과 개인적 수준, 양 측면에서 난제를 제공하는 사람들로부터 얻을 수 있는 교훈이 있음을 깨달았다. 스타벅스의 임원들은 문제에 반응하는 데서 그치지 않고 비판을 한 당사자들이 문제해결 과정에 참여하도록 유도하여 회사 내부와 외부의 입장을 모두 아우르는 해결책을 도출해냈다. 그 결과, 스타벅스와 대립적인 입장을 지닌 사람들조차 스타벅스 주식을 매입하게 되었다.

한 걸음 더 나아가, 스타벅스 리더들은 반대가 일어날 수 있는 영역과 발생초기의 문제들을 신속히 인지하고, 그 즉시 대책을 세우고 적극적으로 실행했다. 스타벅스는 앞으로도 필요할 때마다 잘못된 인식을 바로잡는 데 최선을 다할 것이다. 실수가 드러났을 때, 비즈니스 리더들은 방향전환이 필요하다는 것을 인식하고, 명확하게 책임감을 갖고 올바른 행동으로 이를 보여야 한다. 기업을 몰락시키지 않는 것만으로도 기업을 더욱 강하게 만들 수 있지만, 이는 오직 리더들이 그들에게 주어진 교훈을 유의해서 받아들일 때에만 가능하다.

거시적인 저항

힘의 한계에 직면하지 않고 성장할 수 있는 것은 없다. 씨앗은 대지의 저항을 뚫고 싹트고 나무는 바람의 저항을 견딘다. 동물들 또한 다른 동물들의 저항을 받으며 성장한다. 이는 기업과 개인에게도 적용되는데, 특히 급속히 성장하고 발전하는 것일수록 끊임없이 변화하는 시장과 사회세력의 저항에 직면하게 된다. 스타벅스는 지금까지 유래가 없을 정도로 빠르게 성장하고 있다. 이러한 빠른 확장은 회사의 노출을 배로 늘렸고, 이에 따라 스타벅스는 수많은 반대세력과 맞닥뜨리게 되었으며 다양한 사회적 난제의 한가운데서 문제의 주범이 되기도 했다.

스타벅스가 구매하는 커피는 전 세계 커피생산량의 4퍼센트에 불과하지만, 세간의 이목은 슈퍼마켓에 제품을 공급하는 거대기업보다 스타벅스를 겨냥하고 있다. 공정거래보증커피에 관한 논란이 발생했을 때, 저녁뉴스의 배경화면은 스타벅스 매장 앞의 시위대가 장식했다. 사실 커피 원료와 인스턴트커피를 구매하는 더 큰 규모의 기업들이 국제적인 구매행태에 미치는 영향력이 스타벅스보다 월등히 높다. 그럼에도 이러한 기업들은 언론의 날카로운 초점의 대상이 되는 경우가 거의 없다. 스타벅스는 커피농가들을 위한 건설적이고 실천적인 시도를 하며 커피산업 발전에 이바지하고 있지만, 북아메리카 최대의 공정거래 커피 로스팅 기업이자 소매기업이라는 점은 거의 알려져 있지 않다.

스타벅스에 대한 너무나 많은 감정적 에너지(호의적이든 적대적이든)가 존재한다는 사실에서 착안하여, 저널리스트인 짐 로메네스코가 www.starbucksgossip.com이라는 블로그를 만들었다. 이 블로그는 스타벅스에 관심이 있는 고객과 바리스타를 비롯한 여러 사람들이 이 회사와 관련된 소식에 자신의 의견을 개진할 수 있도록 만들었다. 짐은 블로그의 하루 방문자가 약 5천 명이라고 밝힌다. "이런 사이트를 만들 만한 회사는 그리 많지 않습니다. 스타벅스는 회사에 대해 진심 어린 감정을 보여주는 사람들을 보유하고 있습니다. 서브웨이 샌드위치에 관심 있는 사람들이 만든 사이트가 있단 소리 들어보셨나요? 스타벅스만큼 사람들이 관심을 가지는 브랜드도 드물어요."

사람들이 유독 스타벅스에 대해서만 목소리를 높이는 건 사실이지만, 스타벅스 경영진은 대개 다른 이들의 견해를 수용하고 존중하여 대한다. 그들이 짐의 사이트에 좋은 정보만 실리도록 영향력을 행사하지 않는 점만 봐도 잘 알 수 있다. 짐은 스타벅스와는 무관하게 독립적으로 사이트를 운영하고 있다.

"〈월스트리트 저널〉이 스타벅스 이야기를 기사로 다룬 적이 있습니다. 리포터가 웹사이트에 대응하는 전략을 물었는데, 스타벅스 측은 '웹사이트 모니터링에 관한 규정은 없다'고 답했다더군요. 저는 그것도 스타벅스가 고수하는 불간섭 전략의 연장선이라고 봅니다. 예를 들어, 제가 스타벅스 매장에서 드립커피 한 잔을 시켜놓고 5시간을 보낸다고 해도, 회사는 전혀 개의치 않습니다. '그저 그대로 두자'는 식이지요. 그런 태도가 제 웹사이트로까지 확장된 겁니다."

많은 기업들이 브랜드에 대한 작은 비판에도 민감하게 반응하고 때로는 외부인의 관점에 대해 법적 대응을 선언하기도 하는 가운데, 스타벅스는 오히려 관대한 대응전략으로 브랜드를 성공적으로 확립시켰다.

때로는 오직 경청만이 최선일 수도 있다. 경청은 해석의 여지와 건설적인 토론으로 이어질 수 있다. 그러나 직접적인 행동을 요구하는 저항이 일어날 때도 있다. 훌륭한 리더는 경청만으로는 충분하지 않은 경우를 직감한다.

스타벅스의 리더들은 제3세계 커피 생산국들의 대다수에서 주
거여건과 환경적 실천에 대한 사회적인 관심이 발생했을 때 즉각
적인 행동을 취했다. 스타벅스 글로벌 커피 구매 부문 수석부사장
인 더브 헤이는 다음과 같이 말한다. "커피를 수확하는 이주노동자
에 대한 처우나 커피 농가의 환경실천에 대한 우려의 목소리를 무
시하는 대신, 스타벅스의 커피 부서는 가장 큰 목소리로 비판하는
사람들 중 사회의식이 강한 그룹과 연계하여 함께 일하고 있어요.
우리는 이러한 조직들 및 CI(국제환경기구)와 연합하여 'C.A.F.E. (커
피와 커피농가 평등) 실천'이라 불리는 커피원두 구매원칙을 마련했어
요. 사회적인 책임의 일환인 셈이지요. 이 원칙은 커피농가가 고품
질의 제품을 생산하도록 원조하고, 커피농가와 농부와 지역사회 간
에 공정한 거래관계가 성립되도록 만전을 기하는 동시에, 환경을
보호하기 위한 방편으로 마련되었어요."

많은 기업의 임원진들이 불만을 대할 때 그 중압감에 눌리는 반면, 스타벅스의 경영진은 불만의 주체들을 실제로 문제해결을 위한 논의에 참여시켰다. 그들은 세계화와 관련된 논란에 민감하게 대처했다. 고객들이 스타벅스를 인간과 자연의 수호자로, 즉 선한 기업으로 여기도록 해야 한다는 점을 간파한 경영진은, 스타벅스가 대부분의 커피를 구매하는 제3세계의 커피 재배 인구에게 여러 가지 혜택을 안겨줄 수 있는 프로그램을 만들었다.

이처럼 적극적으로 시도한 결과는 논란의 여지가 없을 만큼 성공적이었다. C.A.F.E. 실천은 생산자에게 높은 수준의 거래조건을 제시한다. 단, 환경과 원두의 품질, 사회적 주거기준을 포함한 26가지 척도에 맞게 개선을 하거나 이를 뛰어넘었을 때라는 조건이 붙는다. 개선여부는 독립적인 평가기관이 판단한다. 스타벅스는 이 프로그램을 무작정 진행하기보다는 2년여의 기간 동안 시범운영해 보며 점진적으로 프로그램을 다듬어나갔다. (스타벅스의 공식 웹사이트 www.starbucks.com에 C.A.F.E. 실천에 대한 자세한 소개가 실려 있다.) 무엇보다도 비판을 기꺼이 받아들인 스타벅스의 경영진이 현실적인 해결방법을 모색하여 많은 사람들의 삶이 크게 개선되었다.

스타벅스의 경영진은 난제에 직면했을 때 모래에 머리를 묻는 '타조 신드롬'을 겪을 일이 전혀 없다. 그들은 회사에 대한 비판과 염려의 목소리에 적극적으로 귀를 기울였고, 가장 신랄한 비판조차도 바꿔놓았다. 신문기자인 스테파니 샐터도 스타벅스의 대응을 보면서 생각이 바뀐 사람 중 한 명이다. 그녀는 〈테레 호트 트리뷴-스타〉 지의 기사에서 스타벅스에 대해 다음과 같이 냉담한 평을 쓴 적이 있다. "거대한 시애틀의 커피체인점이 유명해지기 시작하면서부터 (…) 나는 이 회사에 대해 무자비한 혹평을 퍼부었다." 그러나 그녀의 기사는 다음과 같이 이어진다.

"그러는 사이에 〔뭔가가〕 내 잘못을 인정해야 한다고 외쳐 대고 있었다. (…) 스타벅스는 노동자들의 권리를 옹호한다며 '공정거래 보증' 커피를 판매하기 시작했다. 국제통상이라는 거시적 관점에서 보면, 제3세계 국가에서 끊임없이 착취당하는 수천 명의 커피노동자들을 지원하는 일은 무척 반가운 소식이었다. 이러한 제도는 우리가 구매하는 제품의 생산자와 유통경로를 알고자 하는 사람들에게도 매우 긍정적인 영향을 미쳤다."

탁월한 리더들은 눈앞에 닥친 난관을 피하려 들지 않는다. 그들은 비평가들과 적대적인 사람들의 의견을 기꺼이 받아들여 복잡하고 첨예한 문제에 접근한다. 결국 그들은 필요한 조치를 취하여 비판을 종식시킬 뿐만 아니라 오히려 이를 회사의 승리로 바꾸어 놓는다.

공정하든 공정하지 않든, 한 기업에 대한 비판은 비즈니스가 제어할 수 없는 외부요인에 의해 생겨날 수도 있다. 이런 경우, 리더들은 긴장과 침묵 외의 다른 방법을 찾을 수 없어 난관에 부딪히게 된다. 스타벅스도 예외는 아니었다. 이 브랜드는 미국 비즈니스의 아이콘이라는 이유로 세계화와 미국의 해외정책에 부정적인 견해를 갖는 세력들의 강력한 저항과 부딪치게 되었다.

작가인 존 시먼스는 〈브랜드채널닷컴〉에서, 미국기업들이 전 세계적으로 퍼진 부정적인 이미지를 효과적으로 극복한 사례로 스타벅스를 본받아야 한다고 주장한다. 존이 바라본 스타벅스의 모습은 다음과 같다.

주요 상품이 품질과 원칙을 준수하는 한, 다른 부분들은 지역시장의 요구를 받아들일 수 있다. 중국, 일본, 프랑스, 쿠웨이트의 스타벅스를 가보면 어디를 가든 똑같은 맛의 에스프레소를 마실 수 있다. 다만 음식은 지역색을 반영하겠지만 말이다. (…) 한 브랜드는 특정한 신성불가침의 영역을 지닌다. 가령 흡연행위가 만연한 문화에서조차 금연을 준수하는 것, 천문학적인 임대료를 요하는 곳(예를 들어 일본)에서도 '제3의 공간'이라는 원칙에 따른 공간을 점유하는 것 등이 그 예이다. 그러나 현지문화와의 융합이 필요하다면, 스타벅스는 융통성을 발휘한다.

존이 언급한 융통성은 특정한 지역사회에서 제품이 지역성의 저항을 받지 않고 부드럽게 융화되기 위한 스타벅스 경영진의 노력과 투자를 단적으로 보여주는 단어다. 다음으로 존은 스타벅스의 진출을 꺼리고 반대하는 전 세계 여러 지역에 '지역사회에 참여합니다'식의 이미지를 심어 큰 효과를 거두었다고 밝힌다.

그는 스타벅스가 전 세계의 지역사회와 강한 연대를 구축하는 데 지역매니저와 점장의 역할에 크다고 이야기한다. "지역사회와의 교류를 장려하는 것은 곧 브랜드에 영향을 미치고, 거대 기업 미국이 탱크를 앞세우고 침략한다는 인식을 누그러뜨릴 수 있다." 비즈니스가 성장하거나 새로운 시장에 진입할 때, 그것이 새로운 지역사회에 미칠 영향에 대한 주민들의 초기불안에도 예민해야 한다. 가장 강렬한 저항이라도 항상 주의를 기울여 경청한다면 극복 할 수 있다.

'거대기업 미국이 탱크를 앞세워 온다'는 말은 중국에 처음 진출하는 스타벅스에게 매우 곤혹스런 상황을 안겨주었다. 스타벅스는 베이징 자금성 내에 테이블 두 개의 최초 매장을 개점하며 비교적 작은 규모로 중국시장에 진출했지만, 그 미미한 출현만으로도 언론에 강하게 부딪혔다. 중국의 언론은 과거 수십 년간 불간섭주의와 반미정치세력을 옹호해왔다. 그들은 마오쩌둥이 1950년대에 미국을 묘사하면서 사용한 '전 세계 제국주의 세력의 앞잡이이자 (…) 전 세계 인민의 가장 악독한 적'이라는 표현을 지지했다. 그런 상황이니, 한 신문이 중국 내의 스타벅스를 두고 12억 중국인의 뺨을 때린 것에 비유했다는 것은 그리 놀랄 일도 아니다. 베이징에서 영업을 시작한 지 두 달도 되지 않아, 시공무원들은 스타벅스의 1년 사업허가 무효화를 고려하고 있었다.

이 소식을 접한 스타벅스 리더들은 공황상태에 빠지는 대신 시 공무원들의 말을 경청하고 중국 소비자와 그들 지역사회의 요구에 맞추고자 지속적으로 노력했다. 한 예로 스타벅스의 경영진은 고객들의 기대치에 맞는 공간을 제공하기 위해 중국 내 매장의 규모를 확장했다. 이 독특한 시장에서는 '테이크아웃' 서비스와 '매장 내' 서비스의 비율을 재정립해야 한다는 관점도 함께 작용했다. 미국에서는 스타벅스에서 이루어지는 주문의 약 80퍼센트 가량이 '테이크아웃용'인 데 반해 중국의 경우는 매장 내에서 주문되고 소비되는 비율이 80퍼센트였다.

시장에 대한 이해가 깊어지고 그 지역만의 요구사항에 상응하는 조치를 취하면서 중국 내에서도 스타벅스의 입지는 단순한 미국 음료 제공자로서가 아니라 중국 고객들의 마음에 공감되는 음식점으로 자리 잡다.

〈시애틀 타임스〉의 기자인 모니카 소토 우치에 따르면, 스타벅스는 중국 진출의 고비를 넘겼으며 고급 브랜드로 간주되고 있다. "서구 브랜드에 점점 자주 노출되면서, 젊고 유행에 민감하며 경제적 여유가 있는 사람들이 스타벅스(중국어로는 '싱바커(星巴克)'라 불리는)를 성공·사회적 신분·부를 상징하는 브랜드로 인식하기 시작했다. 중국의 스타벅스 고객들은 둥근 녹색 로고가 상대방에게 보이게 스타벅스 컵을 들고 거리를 걷는다." 특정한 시장의 문제점을 인식하고 이해하면서 스타벅스의 리더들은 궁극적으로 중국의 독특한 소매문화에 더 의미 있는 브랜드 메시지를 창출해 낼 수 있었다.

스타벅스 임원들은 저항으로부터 배운 교훈을 잊지 않고 되새기며 과거의 성공에 안주하지 않고 중국시장이 무엇을 요구하는지 알아내고자 끊임없이 노력했다. 스타벅스 리더들은 스타벅스에 대한 회의적인 여론이 있다 하더라도 지역사회와의 교류와 지원을 독려할 수 있는 방법을 모색하는 데 심혈을 기울였다. 그들은 곧 중국문화에서는 교육의 중요성이 크다는 점을 알아냈다. 이에 따라 스타벅스가 중국의 교육환경을 지원하기 위해 5백만 달러를 기탁하기로 결정했다. 중국시장에 대한 스타벅스의 헌신은 배우 장쯔이의 칭송으로 이어졌다. 장쯔이는 2005년 〈타임〉지가 선정한 세계에서 가장 영향력 있는 사람 100인에 선정되었고 영화 〈와호장룡〉으로 일약 세계적인 스타가 된 중국의 여배우다.

장쯔이는 스타벅스를 중국인민의 뺨을 때린 기업으로 보는 대신, 다음과 같은 인상을 받았다고 전한다. "중국의 교육환경을 지원한다는 스타벅스의 결정 소식을 듣고, 저는 감동받았습니다. 중국인의 한 사람으로서, 스타벅스처럼 인류애를 실천하는 세계적인 기업에 깊은 감사를 표합니다. 이들에게 박수를 보내며, 영역을 뛰어넘는 배려의 옹호자로서 항상 이들을 지지할 것입니다."

중국에서의 스타벅스 성공의 교훈은 다음의 두 가지로 요약된다. 첫째, 신규시장에 의미 있는 제품과 서비스를 창출하라. 둘째, 그와 동시에 그 시장에 속한 개개인에게 가장 중요한 것이 무엇인지를 이해하고 그들의 안녕에 진심으로 관심을 보여야 한다.

이기려 들지 말고
언제나 함께 하라

회사나 제품 혹은 서비스에 대한 정보가 부족하기 때문에 생기는 저항도 있다. 일본시장 진출 초기, 스타벅스는 고대로부터 차 문화가 굳건하게 자리 잡은 사회에 커피문화를 심는 데 상당한 어려움을 겪었다. AP 통신 지니 파커의 보도에 의하면, 경쟁 커피업체의 소유주인 토머스 나이어도 아시아의 커피문화를 "뜨거운 물에 네스카페를 넣어 젓고 25분간 즐기는 게 커피다. 대부분의 사람들은 원두로 커피를 만드는 사실도 모른다"고 묘사했다.

스타벅스의 임원들은 일본인들이 가장 애호하는 음료가 차라는 사실에도 불구하고 일본시장에 엄청난 기회가 있다고 판단했다. 일본의 커피소비는 생각보다 안정적으로 자리를 잡고 있었다. 따라서 일본시장을 뚫는 데 필요한 것은 이미 미국에서 스타벅스가 성공적으로 자리 잡기 위해 확립한 전략과 동일했다. 즉 고급커피에 대한 고객의 선호도를 향상시키는 일이었다.

지니는 이어 다음과 같이 썼다. "일본의 커피문화는 뿌리 깊이 박혀 있다. (…) 사방에 캔 커피 자판기가 널려 있고, 사람들은 자판기 주위에 모여 담배를 피우거나 책을 읽으며 커피타임을 갖는 데 익숙하다." 스타벅스 경영진은 일본고객들에게 익숙한 커피와 스타벅스는 품질 자체가 다르다는 점을 부각시켜야 했다. 그래서 일본의 커피애호가들에게 다양한 풍미를 지닌 향기로운 커피가 캔 커피나 인스턴트커피와 어떻게 얼마나 다른지 교육하는 데 상당한 공을 들였다. 그들은 원두의 종류부터 훌륭한 커피의 네 가지 기본요소(배합, 분쇄, 물, 신선도)까지 품질의 근본적인 차별성을 내세웠다. 교육을 통한 접근법은 정보의 가치를 높이 평가하는 문화에 커다란 반향을 일으켰다.

근본적으로, 스타벅스의 경영진은 기존에 매일 마셨던 커피와 스타벅스가 제공하는 품질 좋은 커피의 차이점이라는 중요한 정보를 고객에게 전달했다. 수준 높은 커피를 접해본 적이 없는 시장에 진출할 때의 초기 저항을 경험한 스타벅스는 교육을 통해 이러한 시장을 급속히 성장하는 세련된 커피시장으로 변모시켰다.

지니 파커는 세계에서 가장 바쁜 스타벅스 매장은 "시애틀도, 샌프란시스코도, 뉴욕도 아닌 도쿄 도심 한복판에 있는 매장"이라고 보도했다. "스타벅스는 아시아야말로 거대한 시장, 스타벅스의 진출을 간절히 기다리고 있는 시장, 그럼에도 아직 아무도 건드리지 않은 시장임을 깨달았다. 베이징에서 태국까지, 차 애호가들은 프라푸치노의 팬이 되었고 또 다른 이들은 거품 가득한 커피에 중독되었다." 지니는 짧은 기간 동안 스타벅스가 아시아 주요 10개국에 250개의 매장을 확보한 것에 대해서도 언급했다. 저항에 대한 방책으로 사람들을 교육하는 것에 꾸준히 집중한 결과, 현재 스타벅스 매장 수는 일본에서만 500개가 훌쩍 넘는다.

아시아 시장을 돌파하는 데 교육이 필요했던 데 반해, 프랑스 진출 초기에 맞닥뜨린 저항은 매우 교양 있는 고객층이었다. 프랑스 마케팅부문 이사인 오딜리아 다라몽귀에펭은 다음과 같이 말한다. "스타벅스는 커피를 통해 새롭고 차별화된 경험을 할 수 있게 했습니다. 우리 고객들은 음료를 맛보기도 전에 주문과 계산까지 해야 하는 이유를 전혀 납득하지 못했고, 주문을 받는 바리스타에게 이름을 알려준다는 개념도 무척 생소했을 겁니다. 하지만 시간이 지나면서, 프랑스 고객들도 이 특별한 인간적인 유대를 기꺼이 받아들였습니다. 오직 스타벅스에서만 경험할 수 있는 바리스타와의 친밀한 대화가 아주 신선하고 기분 좋다고 평하는 고객도 꽤 많습니다."

프랑스 고객의 인정을 받기 위해, 스타벅스는 메뉴에 크루아상 오 쇼콜라(초콜릿 빵), 뺑 오레진(건포도 빵) 등의 전형적인 프랑스 패스츄리를 추가하여 지역의 입맛에 맞는 음식을 제공했다. 이 메뉴들은 모두 지역의 제빵사들이 만든 유기농 제품이다. 오딜리아는 다음과 같이 덧붙인다.

"파리에서도 스타벅스 경험을 받아들이는 프랑스 현지 고객이 점점 늘고 있습니다. 훌륭한 커피, 친근한 서비스, 제3의 공간이라는 독특한 개념을 원동력으로, 새로운 매장이 오픈할 때마다 더 많은 신규고객이 생기지요. 매장이 생긴 지역주민들의 일상에 스타벅스가 녹아드는 속도가 얼마나 엄청난지 우리도 때론 놀랄 지경이랍니다." 마케팅 전략 컨설턴트로 자신의 블로그를 운영하고 있는 프랭크 부스맨은 파리의 스타벅스에 대한 감상을 이렇게 평했다. "스타벅스에서는 전통적인 파리지엥의 카페문화를 향유하는 동시에 커피에 스킴밀크(탈지유)를 넣을 수 있다. 또한 대부분의 음료를 디카페인으로 마실 수도 있다. 카페 내에서는 금연이라는 것도 안다. 결론은 예스다, 난 파리에 있는 스타벅스에 갈 것이다."

해외로 진출할 때 문화적인 면에 대해 민감해야 한다는 점은 모든 비즈니스 리더들이 당연하게 받아들인다. 그러나 국내에서도 이와 동일한 민감함이 필요하다는 것을 알아야 한다. 한 국가 내에서도 역마다 지닌 특성이 있고, 불과 몇 킬로미터 떨어진 두 지역도 전혀 다른 접근법을 사용해야 할 때가 있다.

지역매니저인 에이미 팅글러는 매우 특이한 요구사항이 있었던 지역에서의 경험을 이야기해주었다. "유대인구의 비중이 높은 피츠버그의 스쿼럴힐에는 두 개의 스타벅스 매장이 있습니다. 우리는 회사 차원에서 유대율법에 맞는 원두커피를 포함한 몇 가지 음료를 개발했습니다. 그런데도 스쿼럴힐 매장에서는 지역사회와 조화를 이룰 수 있는 스타벅스 경험을 창조하기 위해 몇 가지 변화가 필요하다는 의견이 속속 들리기 시작했습니다. 한 예로 매장에서 틀었던 크리스마스 음악에 대해 몇몇 단골고객들이 불편한 심기를 표출했고, 우리는 이를 진지하게 받아들여 음악을 교체했습니다."

예전 스쿼럴힐 매장의 점장이었고 현 지역매니저인 크리스티나 하트도 이 특수한 시장의 특성을 파악하기 위한 전략을 알려 주었다. "지역 랍비의 도움으로 우리는 유대율법에 맞는 제품을 구분해서, 이에 맞는 라벨링을 했습니다. 핵심만 얘기하자면, 우리는 지역사회가 요구하는 것을 수용하고 이를 행동으로 옮겼습니다."

리더들이 고객의 소리를 경청하며 랍비와 제휴하는 사이, 매장 파트너들도 지역의 분위기에 민감하게 행동했다. 다음은 크리스티나의 설명이다. "우리 파트너들은 자신이 지역사회에 봉사해야 한다는 점, 지역사회의 가치와 우선사항에 부합해야 한다는 점을 잘 압니다. 간혹 스타벅스 본사가 전국 규모로 벌이는 캠페인이 스쿼럴힐의 분위기와 맞지 않는 경우가 있습니다. 이럴 때 우리 파트너들은 매장 내 제품의 진열방식을 바꾸었습니다. 가장 성공적인 사례로, 크리스마스를 맞아 본사에서 녹색과 빨간 리본으로 장식된 바구니를 배포한 때가 생각나네요. 스쿼럴힐 매장의 파트너들은 그 리본을 떼고 파란색과 은색 리본을 달았습니다. 아주 작은 변화였지만, 덕분에 고객들은 스타벅스 경험을 보다 더 편안하게 받아들일 수 있었습니다. 또한 스타벅스가 고객과 지역사회의 특성과 정신을 배려하고 있음을 알 수도 있었어요."

스쿼럴힐의 사례는 융통성 있는 정책이 얼마나 가치 있는지를 보여 준다. 이는 비즈니스 규모와는 아무런 상관이 없다. 다양한 시장의 요구사항에 신속하게 맞추는 것이 융통성이다. 앞에서 언급했듯이, 리더는 직원들이 겪는 저항을 줄이고, 회사의 고유한 지역사회의 요구가 조화롭게 어울릴 방안을 찾아낼 수 있어야 한다.

물론 이렇게 유연한 자세를 유지하기란 어려운 일이다. 좌절감을 안겨주는 도전일 수도 있다. 그래서 대다수 기업의 임원들은 때로 비판에 대처하기에만 급급하거나 반작용으로 뒤로 물러나곤 한다. 또한 부정적인 면이 알려져 회사의 생명이 걸린 문제가 되기 전까지는 소소한 사안들이 무시받기 십상이다. 그런 면에서, 비즈니스 리더들은 추후에 거대한 문제로 발전할 여지가 다분한 사안들에 몰두하는 수밖에 없다. 스타벅스의 리더들은 비판에 대해 초기에 대응하고자 했을 뿐만 아니라, 가능할 경우엔 잠재적으로 반대를 일으킬 수 있는 것까지 예측하려 했다.

EIC(신생사안 협의회)는 이러한 진취적인 접근을 반영한 결과물이다. 스타벅스 수석임원들의 상설위원회인 EIC는 정기적인 모임을 통해 향후 발생할 수 있는 문제영역을 짚어보고, 해결책을 모색하며, 가능한 실행방안에 대한 합의를 이끌어낸다.

스타벅스 사회공헌사업부 수석부사장인 샌드라 테일러는 EIC를 다음과 같이 설명한다.

이 협의회는 우리 회사 수석임원들의 다양한 목소리를 대변하며 우리 비즈니스가 미래에 직면할 수 있는 복합적인 문제점들을 볼 수 있게 해준다. 우리는 함께 모여 다양한 관점을 서로 공유한다. 우리는 이 협의회를 통해 여러 가지 사안들(가령, 서아프리카의 코코아 생산자들과의 활발한 교류를 위한 방안)을 논의해왔다. 여러 사안에 대해 각자의 의견을 개진하거나 경청할 수 있고, 어려운 결정이나 정책을 확정할 때 매우 효과적이다.

경영진은 과거에 기업을 괴롭혔던 문제점들을 주의 깊게 살펴보는 동시에 잠재적인 장애물에 대해서도 경계를 늦추지 말아야 한다. 스타벅스 리더의 관점에서 보면, '저항을 포용한다'는 것은 기존 세력의 저항뿐만 아니라 미래에도 대응하는 것을 의미한다. 잠재적인 문제점이나 갈등의 영역을 파악하고, 이에 대한 해결책도 모색해야 한다.

늘 환영받을 수는 없다

여러분이 제1장의 원칙, '자신의 것으로 만들라'에서 보았듯이, 스타벅스 경영진은 파트너들이 환영을 실천하도록 독려한다. 마찬가지로 스타벅스도 새롭게 진출한 곳에서 대체로 환영을 받는 편이다. 미국 인디애나 주 마리온의 시장인 웨인 세이볼드도 스타벅스를 환영한 사람 중 하나다. "사람들은 자신에게 익숙한 회사의 매장이 있는 지역을 전도유망한 곳이라 여긴다. 스타벅스도 그런 회사 중 하나다. 어떤 매장(소매점)이 있느냐에 따라 지역을 평가하는 사람들이 많다. 이러한 이유뿐만 아니라 여러 면에서 스타벅스는 지역사회를 더욱 강하게 만들고 있으며, 마리온에서도 환영받는 존재가 되었다."

그러나 스타벅스가 항상 환영받는 건 아니다. 때로는 현관매트만도 못한 대우를 받기도 했다. 그러나 지역주민들의 반대에 부딪힐 때, 스타벅스는 지레 겁먹고 진출을 포기하거나 반대세력을 무시하지 않는다. 스타벅스의 리더들은 오히려 지역의 이슈에 귀를 기울이고 이에 적절히 대응하기 위해 노력한다.

지역매니저인 셸리 테일러는 뉴멕시코의 한 특이한 고장에서 지역적 저항에 부딪혔던 경험을 기억하고 있다. "마을에 작은 카페가 하나 있었어요. 마을주민 치고 그 카페를 모르는 사람이 없을 정도였어요. 그 카페는 지역의 한 구성원으로 중요한 위치를 차지하고 있었고, 주인은 사람들의 존경을 한 몸에 받고 있었죠. 우리(스타벅스)가 들어가기 전부터 마을사람들은 우리가 성공하기 어려울 거라고 말했어요. 특히 그 카페주인이 스타벅스를 반대했었죠. 어찌 된 영문인지, 우리가 그 카페를 인수할 거라고 알고 있더군요. 마치 우리가 거대한 녹색 괴물인 양, 사람들이 우리를 피해 뒷걸음질 치는 것 같았어요."

이어 셸리는 그러한 반대를 어떻게 극복했는지 설명했다. "그곳 사람들의 걱정을 충분히 이해했기 때문에, 저는 동료들과 함께 마을에 있는 모든 카페를 하나하나 직접 방문하면서 인사를 했어요. 사람들이 이러저러한 것이 걱정이라고 말하면 우리는 귀담아 들었지요. 그리고 우리 자신과 그들 모두에게 이익이 될 윈-윈의 결과를 내겠노라고 약속했어요. 물론 경쟁이 생길 게 분명했지만, 우리에겐 비즈니스 환경에 가치를 부여하는 게 더 중요했어요. 그래요, 인정할게요. 불청객이 된 기분으로 사람들과 관계를 한다는 건 꽤나 겁이 나는 일이에요. 하지만 반드시 해야 할 일이었어요. 직업적인 관계와 비즈니스 관계가 원만해지는 데 도움이 되니까요."

셸리와 스타벅스 리더들은 두려움이 때로는 성장하는 기업에 대한 적개심을 부채질하는 감정일 수 있다는 점을 알게 되었다. 기존의 비즈니스 소유자들은 지금껏 사이좋게 나눠먹던 파이를 신출내기가 빼앗아 줄어들게 할까봐 두려워한다. 이런 경우 스타벅스 경영진은 스타벅스가 수천 군데의 지역에서 지역사회 발전에 이바지했다는 점을 강조했고, 사람들이 문제가 되리라고 생각하는 점들을 경청했다.

셸리 역시 지역사회와 관계를 맺기 위해 노력하는 모습을 보였고, 그 지역사람들도 차츰 스타벅스를 긍정적으로 바라보기 시작했다. 그리고 마침내 스타벅스는 그 마을사람들의 환영을 받으며 성공적으로 진출했다. 셸리는 "우리가 브랜드가 아닌 사람으로 보이기 시작했다는 것이 큰 도움이 되었어요"라고 설명한다. "그 후에는 고용창출의 이점에 대해 우리가 있기 때문에 마을을 방문하는 사람들이 있다는 것에 대해서도 이야기할 수 있었어요. 식당 사업을 한다고 생각해보세요. 길거리에 자기 식당만 덩그러니 있다면 어떻겠어요? 비즈니스에는 별로 좋지 않다고요. 두세 개의 식당이 더 들어온다면, 물론 각기 다른 특성을 지닌 식당이면 더 좋겠죠, 아무튼 그렇게 되면 시너지가 생겨요. 사람들도 선택권이 있음을 인식하게 되죠. 고객들은 그곳에 식당이 많다는 걸 알게 되고, 외식문화가 형성되는 거예요. 이제 사람들은 이를 습관으로 발전시키고, 지역 내 식당들도 다 잘 유지되겠지요. 커피문화도 이와 크게 다르지 않아요."

셸리는 기분 좋게 이야기를 했다. "사실 우리는 근처 카페의 주인이 우리에게 적대적일 거라고 예상했었는데, 지역신문에 실린 그녀의 말을 보니 전혀 그렇지 않았어요. '전 스타벅스 주식을 갖고 있어요. 그리고 스타벅스 매장이 생기는 건 우리 마을에 도움이 될 거라고 생각하고요. 전 스타벅스를 환영해요'라고 적혀 있더군요." 이렇게 셸리와 동료들의 노력이 확실한 보답을 받았다.

비즈니스를 할 때마다, 장벽을 쌓기에 급급한 사람과 대화하고 설득하는 데 시간을 소비해야 한다면 어떨까? 스타벅스의 비즈니스 리더들은 그런 사람들을 무시하거나 저항하는 대신, 성공적인 파트너십을 창출할 수 있는 공통기반을 찾아내는 편이 훨씬 효율적이라고 여긴다.

언론이 '삼손과 골리앗 전쟁' 등의 헤드라인을 앞세워 소규모의 커피숍과 스타벅스 간의 갈등을 과장되게 보도하는 가운데, 스타벅스는 소규모 사업이 더욱 번창할 수 있는 기회를 제공하는 행동에 나섰다. 미국 특제커피 협회의 마케팅 커뮤니케이션 디렉터인 마이크 퍼거슨은 〈프레데릭스버그(버지니아) 프리랜스-스타〉지에 기고한 글에서 다음과 같이 지적한다. "예전에는 커피에 대한 열정만 있으면 커피하우스를 열 수 있었다. 그들에게 비즈니스 마인드는 꼭 필요한 게 아니었다. 그러다 시장이 경쟁체제에 들어서게 되었다. 그리하여 오늘날, 그들은 (…) 사업가가 되었다."

마이크는 자기 사무실이 있는 캘리포니아 주 롱비치를 사례로든 그곳에는 "스타벅스 매장이 두 개, 다른 커피체인의 매장 하나, 그리고 개인 소유의 커피하우스가 두 곳 있다. 다섯 매장 모두 매우 번창하고 있으며, 개인 커피하우스 중 한 곳은 스타벅스 매장이 오픈한 후 매출이 40퍼센트나 급증했다. 그 이유는 〔사업 소유주가〕 (…) 재고관리와 직원교육에 집중했기 때문이다."

이 기사는 다음과 같이 이어진다. "스타벅스는 34~37퍼센트의 시장 점유율을 보유하고 있다. (…) 개인 사업주들은 꾸준히 51퍼센트 수준을 유지하고 있다. 아무리 많은 스타벅스 매장이 문을 연다 해도, 개인 사업주들은 타격을 입지 않는다. 이는 개인 커피숍도 〔거기에〕 있어서 선택의 여지를 넓혀야 한다는 고객의 요구가 반영된 것으로 보인다."

결국 여타 커피숍 소유주들이 스타벅스의 진출을 반대하는 건, 대부분 경쟁력 유지를 위한 변화를 꺼리기 때문이다. 사실 스타벅스가 규모를 앞세워 경쟁자들을 짓밟지는 않는다. 스타벅스 경영진은 오히려 경쟁사와 협력하여 더욱 건강하고 활력 넘치는 시장을 만드는 방안을 모색한다. 새로운 경쟁자의 출현은 대부분 두려움으로 다가오기 마련이지만, 실제로는 기존의 비즈니스에 활력을 불어넣는 경우가 더 많다. 경쟁을 위해서는 스스로에 대한 재평가가 필요하다. 즉 자신의 강점과 결점을 찾아내고, 적용하여, 개선해야 한다.

그러나 반대와 저항이 매우 위협적일 때도 분명 존재한다. 뉴멕시코에서 셸리 테일러가 했던 개인방문 정도로는 역부족인 경우가 있다. 이럴 경우, 나쁜 상황이 결실을 맺기 전에 경영진이 나서서 지역사회의 핵심인물들과 접촉하여 이를 해결할 길을 찾아야만 한다. 캘리포니아 주 벤투라의 지역매니저인 리앤 메사는 히스패닉 문화가 지배적인 산 페르난도 시에 최초로 스타벅스 매장을 열면서 경험한 불안함과 염려스러움을 털어놓았다.

"산 페르난도 시에는 이미 엇비슷한 커피숍들이 자리 잡고 있었고, 우리가 그곳에 진출하길 바라는 사람은 한 명도 없었어요. 지역사회는 물론이고 시의회 의원 몇몇도 스타벅스 진출을 강력하게 반대했고요." 리앤은 어린 시절부터 줄곧 산 페르난도 밸리에서 살았다. "지역사회에 뭔가를 되돌려준다는 건 저에게 큰 의미가 있었어요. 그곳의 아름다운 자연을 진심으로 부여안고 싶었어요." 매장을 열면서, 리앤은 그 지역의 화가에게 연락을 취했다. "그분에게 우리 매장으로 작품을 몇 점 가져와달라고 부탁했더니, 아주 흔쾌히 수락하시더군요. 뭐, 그래서 우리는 석 달 동안 기존의 스타벅스 장식들을 떼어내고 그분의 경이로운 벽화를 붙였어요. 그 결과는 실로 엄청났어요. 사람들은 자기 지역 출신의 예술가가 동참한 우리 매장을 매우 흡족하게 여겼어요."

리앤의 이야기를 계속 들어보자. "나중에는 전시회도 열었어요. 스타벅스는 전시회 작품들로 엽서를 제작했고, 우리 매장에서 지역사회의 고객들에게 이 엽서를 나눠줬어요. 이 이벤트는 미래의 마리아치(mariachi: 멕시코 민속 음악을 거리에서 연주하며 유랑하는 소규모 오케스트라-옮긴이) 음악가를 양성하는 젊은 기관으로까지 이어졌어요. 좁은 드라이브-인 매장에 거의 300명이나 모였고, 시장님까지 참석하셨죠. 정말 너무나 멋진 경험이었어요."

리앤에게, 스타벅스와 산 페르난도의 관계를 부드럽게 하는 것은 곧 "대화의 물꼬를 트고 고객이 요청하는 것에 귀를 기울이는 것"을 뜻한다. "예를 들어, 우리 메뉴는 대부분 영어로만 되어 있어서 바꿔야만 했어요. 처음엔 힘들었죠. 다행히 본사에서 스페인어로 팸플릿을 제작해 보내줬고, 덕분에 우리 제품을 조금이나마 편하게 광고할 수 있었어요. 하지만 정작 고객이 우리 제품을 제대로 이해할 수 있게 된 건, 스페인어를 구사하는 그 지역 출신의 파트너들 덕분이었죠. 말 그대로 파트너 말이에요."

리앤과 그녀의 팀은 초기의 신중한 태도를 성장의 원동력으로 이어나갈 방안을 마련했다. "일단 그 지역의 사람들이 스타벅스라는 '기업'을 접하고 나면, 우리가 고객들과 친밀하다는 점을 금세 파악할 수 있게 돼요. 스타벅스는 일대일 관계를 지향하고, 매력적이며, 쉽게 다가갈 수 있는 기업이에요. '저항을 포용한다'는 것은, 제 생각엔 사귀기 쉬운 상대라는 뜻인 것 같아요. 고객을 위해 모든 걸 다 바꾸겠다는 게 아니라, 고객이 자신의 요구와 우리에 대한 느낌을 전할 때 언제나 열린 마음으로 경청하겠다는 뜻이에요."

대부분의 반대는 인내와 협력으로 극복할 수 있다. 그러나 단순히 반대가 너무 심한 경우도 종종 생긴다. 이러한 상황에서 리더들은 반대와 저항도 존중해야 한다는 점을 겸허히 받아들여야 한다. 비즈니스를 하다보면 극복하려고 노력하면 할수록 오히려 반대의 상황이 커지는 때가 오기 마련이다. 그렇다면 과감히 그대로 두고 가는 것이 가장 현명한 대응책이다.

스타벅스의 리더들은 새로운 시장에 진출하면서 극렬한 반대에 부딪히는 경우를 많이 겪었다. 지역매니저인 레니 프리트가 이러한 상황 중 한 경우를 들려주었다. "캘리포니아 주 롱비치에서도 문제가 있었어요. 그 지역에는 이미 스타벅스 매장이 일곱 곳이나 있었어요. 롱비치는 대도시권이기 때문에 매장 일곱 개가 딱히 많다고 볼 수는 없었죠. 우리는 롱비치 내에서도 썰비치라는 곳을 매장 후

보지로 선정했어요. 전에는 버거킹이 있었다는데 당시엔 빈 상태였지요."

썰비치 매장은 출발부터 지역사회의 격렬한 반대와 맞닥뜨렸다. "우리는 시의회 회의에 참석했어요. 우리를 그곳에 있는 개인 커피숍을 위협하는 존재로 보는 시민들의 말을 직접 듣고 싶었거든요. 기존 커피숍들 중 일부는 자기들끼리 체인점 형태로 운영하고 있더군요. 어떤 경쟁업체는 지역신문에 우리의 장점에 대해선 전혀 언급하지 않고 오히려 민폐만 끼치는 존재라고 매도하는 기사를 싣기도 했어요. 그런 기사를 읽는 것도 무척 괴로운 일이었지만, 솔직히 그 기사는 사실이 아니었어요."

레니는 미디어 전면전을 펼쳐 스타벅스 반대세력에 대항하는 대신, "그냥 늘 하던 일을 했다"고 한다. "우리는 지역사회 참여도를 눈에 띄게 높여나갔어요. 롱비치에 있는 다른 스타벅스 매장과는 좀 떨어진 썰비치에 기여하는 활동들을 만들었지요."

그렇지만 이 이야기는 이웃들의 따뜻한 환대로 끝맺음되지 못했다. 레니는 "시기가 적절하지 않다고 판단했기 때문에 결국은 선정했던 자리에 매장을 열지 않았다"고 설명한다. 그렇다고 이 일이 지역사회의 격렬한 반대 때문이라고 결론을 내리진 않는다. "지역사회에 융화된다는 면에서는 우리가 최선을 다하지 못했다는 걸 알아요. 그렇지만 그 이후에 썰비치에도 스타벅스 매장이 생겼고, 당시 지역사회의 반대는 과거에 우리가 겪었던 것만큼 심하진 않았다고 해요. 반대를 포용하는 건 다른 사람들의 관점을 존중할 수 있는가의 문제예요. 반대가 잠잠해질 기미가 보이지 않는다면, 확실한 길을 찾아 다음 번 다른 후보지를 기약해야 할 때라는 걸 알아야 해요." (설령 지역사회가 당신을 경계한다 해도) 지역사회에 참여하고, 그곳 사람들의 인정을 참을성 있게 기다리며, 때로는 더 나은 타이밍을 노리기로 하는 것. 이 모든 것들이 위대한 조직과 성급하고 근시안적인 조직을 구분하는 기준이 된다.

　지역사회에서든 매장 안에서든, 장기적으로 더욱 건설적이고 협력적인 미래를 위해 소모적인 단기전에서는 발을 빼는 편이 나을 때가 있다. 전 스타벅스 점장이었던 제럴드 카일(현재는 지역매니저)이 이런 경우를 직접 경험했다. 그의 이야기를 들어보자. "파이크 플레이스 매장의 고객들이 여타 스타벅스에서는 파는 패스츄리를 왜 이 매장에서만 볼 수 없는지 의아해하기 시작했어요. 사실 우리 매장의 위치가 유명한 시장 근처라 임대조건이 상당히 까다로웠어요. 가령 신선한 식품은 판매할 수 없고 상자나 포장지로 싼 식품류만 판매가 가능했지요. 하지만 시간이 지날수록 더욱 다양한 식품을 즐기고 싶다는 고객의 요구가 높아져 갔어요. 그래서 우리는 패스츄리를 포장해서 판매하기 시작했어요. 시장 내의 다른 업체들 몇몇이 불편한 심기를 드러내며 우리가 임대계약을 위반했다고 말하고 있었어요."

　제럴드는 식품류 판매 건에 관해 시장관리인단과의 논쟁이 일어날 것을 알고 설득을 위한 준비에 돌입했다. 그가 준비한 주장의 핵심은 불만을 제기하는 사람들 중 상당수도 에스프레소를 판매하여 계약을 위반하고 있다는 점이었다. 그러나 제럴드는 본격적인 논쟁에 들어가기 전에 지역매니저와 먼저 이야기를 나누었고, 주변 업체들이 제기한 문제에 대한 대응으로서 계약사항을 존중하는 것도 중요할 수 있다는 가치 있는 통찰을 얻을 수 있었다.

제럴드는 당시 지역매니저가 해주었던 말을 생생하게 기억하고 있다. "제럴드, 우린 스타벅스에요. 어느 누구보다도 크게 봐야만 해요'라고 하셨죠. 매니저님 말씀이 옳았어요. 그 경우에는, 옹졸해지지 않는 게 현명한 선택이었죠." 파이크 플레이스 매장은 이웃 상인들의 반대를 수용하여 패스츄리 판매를 철회했다. 이로써 스타벅스의 리더들은 기업이 희망하는 바를 관철시키는 것보다 지역사회와 조화롭게 어울리는 것이 더욱 중요함을 직접 보여주었다. 때로는, 적절한 타협안을 만드는 것 자체가 위대한 리더십이 되기도 한다.

습관적인 반대론자를 조심하라

　모든 기업이 겪는 가장 도전적인 저항 중 하나는 바로 "될 리가 없어"라고 말하는 사람과 대면하는 일이다. 어떤 아이디어를 듣고는 깊이 생각해보지도 않고 별로라거나 비즈니스를 곤란에 빠뜨릴 아이디어라고 치부해버리는 사람들이 많다. 그러나 스타벅스의 리더들은 회의론자들의 말에 전전긍긍하지 않고 항상 "왜 안 된다는 거지?"라고 반문한다.

　이 질문에 대한 답변이 납득할 만한 이유라면(가령 회사의 핵심 비즈니스와 너무 거리가 먼 제품이라거나 품질을 양보해야 하는 일이라거나), 리더도 합당한 경계를 수용하고 다른 문제에 더 치중해야 한다. 그렇지만 왜 안 되느냐는 질문에 "한 번도 해본 적이 없잖아요"식의 대답이 돌아온다면, 정말 그 아이디어를 실행할 수 있는지 없는지를 탐색할 방안을 모색해야 한다. 스타벅스 리더들이 음악 관련 제품의 도입을 고려하기 시작했을 때, 전반적으로 냉소적인 반응이 팽배했다. "음악은 스타벅스 로고가 찍힌 컵과는 다르다"는 둥, "스타벅스 로고만 박혀 있다면 뭐든지 팔고자 하는, 불행을 자초하는 또 하나의 시도"라는 둥 그들의 결정을 비웃는 의견이 대다수였다.

그러나 스타벅스 임원진은 세간의 예측에 굴하지 않았다. 그들은 음악과 스타벅스 경험이 얼마나 조화를 이룰 수 있는지를 조심스럽게 테스트해 나갔다. 아이디어를 쉽게 포기하는 대신, 음악이 스타벅스의 핵심 비즈니스와 얼마나 딱 들어맞는지를 시험했다. 스타벅스 엔터테인먼트부 사장인 켄 롬바드는 이렇게 말한다. "음악은 자연스럽게 딱 어울리는 것으로 판명되었습니다. 음악은 처음부터 쭉 스타벅스 환경과 문화의 일부였어요. 우리는 매장의 분위기를 내는 데 음악을 사용한 최초의 소매점이었거든요."

켄은 음악 비즈니스와 음악 판매를 향한 스타벅스의 도전이 과연 현명한지를 결정하는 건 결국 고객의 몫이라고 보았다. "사실 우리를 더 나아가게 한 건 고객들이었습니다. 매장에 들어온 고객이 우리가 트는 음악을 듣고 바리스타에게 '노래 제목이 뭐예요? 어디서 구할 수 있죠?'라고 묻는 광경을 수천 번도 넘게 봤습니다. 그러니 단순히 우리가 물건을 팔려 한다는 인상을 준다기보다는, 고객이 요청하는 것을 제공한다는 점에서 음악과 스타벅스 사이에 연결고리가 있는 것입니다. 게다가 우리 고객들이 얼마나 자주 매장에 오는지 생각해보세요. 우리가 하려는 일은 고객에게 양질의 음악을 선택할 기회와 한정된 형식을 넘어서는 음악을 발견할 특별한 기회를 제공하고, 그것을 그들 삶의 일상에 녹아들게 하는 것입니다."

음악을 판매할 때 스타벅스가 반드시 지키겠다고 다짐한 것이 있다. 어떠한 경우에도 매장 내에서의 고객경험을 방해해서는 안 된다는 것이다. 이 원칙만 고수하면 나머지는 다 괜찮다. 켄이 설명했다. "스타벅스는 항상 그래왔습니다. 시작부터 지금까지 계속 말입니다. 혁신적이고 기업다운 기업, 가장 먼저 기회를 포착하는 혜안을 지닌 기업, 무엇보다도 스타벅스 경험에 가치를 더하는 것을 최우선으로 여기는 기업입니다.

우리는 현재의 매장에서 하고 있는 일에 방해가 되거나 커피에 대한 전반적인 인상을 해치는 일은 절대로 하지 않습니다. 우리가 신성하게 지켜야 할 일이고, 영원히 신성한 일로 남을 것입니다. 하지만 음악은 스타벅스가 고객의 경험을 해치기보다는 더욱 풍부하게 하고 가치를 더할 기회를 제공합니다." 비즈니스에 대한 부정적인 예측에 대해서는 신규사업이 현재의 비즈니스 모델과 얼마나 자연스럽게 조화를 이룰지, 어떤 의미를 줄 수 있는지를 알아보는 게 가장 중요하다. 다시 말해, 회사의 기본사명에서 벗어나지 않는 아이디어라면, 열린 마음을 가지고 언제든 혁신을 위한 준비를 갖춰

두어야 한다.

지난 10년간, 스타벅스는 음악 비즈니스와 함께 기나긴 길을 걸어왔다. 1995년 블루노트 레코드사와 제휴하여 첫 편집앨범을 발표한 이래로 음악과 함께하는 여행은 지금까지 계속되고 있다. 2004년에는 재즈 싱어 레이 찰스의 유작을 출시하여 그래미상을 휩쓸기도 했다. 이 앨범에는 레이 찰스가 허비 행콕, 엘튼 존, 롤링 스톤즈 등 여러 동료가수들과 듀엣으로 녹음한 곡들이 담겨 있다. 이제 스타벅스는 티고네 라이징, 소냐 키첼 같은 신인 음악가들의 등용문이 되고 있다.

최근 몇 년간 스타벅스를 향한 언론의 평을 보면 초기의 부정적인 평들은 온 데 간 데 없이 사라진 듯하다. 칼럼니스트 마이클 Y. 파크는 인터넷 신문인 〈폭스뉴스닷컴 (www.foxnews.com)〉에 다음과 같은 기사를 썼다. "음악계에서 가장 큰 힘을 발휘하는 이름은 어느 유명 레코드사도, 힘 있는 업계 임원도, 유명 밴드도 아니다. 사실 그것은 음악 관련 기업에도 속하지 않는다. (…) 미국음악의 미래는 바로 스타벅스 커피다." 비판의 상처를 치유하는 데는 회의론자들 코를 납작하게 눌러줄 성공이 최고이다.

세상은 당신과 당신의 비즈니스가 실패할 거라고 장담하는 사람들로 가득 차 있다. 물론 비판은 숨어 있는 장애물을 찾아내는 데 유용하다. 그러나 그건 어디까지나 의견(게다가 틀리기 일쑤인)일 뿐이다. 성공적인 비즈니스 리더는 하늘이 무너질지 하늘로 뻗어나

갈지를 판단할 수 있다. 가치와 목표, 피드백에 중심을 두고 앞으로 나아가면 결국은 고객과 직원과 지역사회의 기대를 넘어서는 위대한 기업이 될 수 있다.

고객이 아니라고 말할 때

　당신 회사의 제품이나 서비스를 무시하는 고객과 대면하게 되었다면 당신은 어떻게 대응하겠는가? 새로운 경험을 제공하여 고객의 태도를 되돌리겠는가, 아니면 제품 자체를 포기해버리겠는가?

　그린티 프라푸치노는 아시아 태평양 지역에서 가장 인기 있는 제품이지만, 미국 서부와 캐나다 지역에 처음 선보였을 당시에는 고객들에게 외면당했다. 스타벅스의 제품 매니저인 낸시 포즈노프는 "캐나다 밴쿠버 외곽의 리치몬드에서 그린티 프라푸치노를 처음 선보였어요. 리치몬드는 아시아인의 비중이 높은 시장이에요. 아시아인들 사이에서는 긍정적인 반응을 얻었지만, 비아시아인들은 이 제품을 좋아하지 않았어요."라고 언급한다.

스타벅스 리더들은 기존 고객들을 배제시키지 않으면서 동시에 신규고객을 창출해야 한다는 과제와 맞닥뜨리게 되었다. 낸시가 당시 상황을 보고한다. "이 제품은 스타벅스 사람들이 얼마나 열정적인가를 보여주는 단적인 예입니다. 제품의 성공에 우리 파트너들이 얼마나 중요한지를 여실히 보여주기도 하지요. 스타벅스는 이 제품을 고객 모두에게 어필할 방법을 모색하기 위해 함께 모여 팀을 만들고 브레인스토밍을 거듭했어요. 아기 때부터 말차(抹茶, 찻잎을 손으로 직접 따서 말리는 일본 교쿠로 산 1등급 녹차)를 접해 익숙한 아시아 고객들뿐 아니라 녹차 자체가 생소한 고객들까지 만족시킬 수 있는 비결은 무엇일까? 바로 이것이 우리의 고민이었어요.

심사숙고 끝에, 우리는 한 가지 맛을 개발하는 데 그치지 않고 차의 풍미를 다양하게 하기 위한 시스템을 만들어냈어요. 아시아의 차 애호가들이 즐기는 말차가루에 멜론시럽을 가미하여 서구 미식가들의 호평도 얻을 수 있었어요. 단맛이나 멜론시럽이 싫은 사람은 그걸 빼고 그냥 원래의 맛을 즐길 수도 있지요. 우리는 모든 제품개발 과정에서 녹차 두 가지를 놓고 시음을 해보았고, 단번에 최상의 결과를 이끌어냈어요. 믿기 어려우시겠지만, 우리 파트너들이 해낸 일이랍니다."

스타벅스 경영진도 처음에는 서구시장에 녹차 제품을 일단 들여 놓으면 된다고 생각했을 수도 있다. 그러나 결국은 고객의 목소리에 귀를 기울여 그들이 원하는 것을 알아내는 쪽을 택했다. 출시에 앞서 고객의 취향을 배려하고 고민하는 단계를 거쳐 그린티 프라푸치노와 그린티 라떼는 출시와 동시에 선풍적인 인기를 끌었다.

우리가 아무리 신제품이나 서비스가 성공할 거라고 확신한다 해도, 그것은 객관적인 확신이라기보다는 스스로의 아이디어에 도취된 것일 수 있다. 빨간 경고등이 눈앞에서 번쩍이는 순간에도, 대부분 사람들은 그 경고가 틀렸다고 믿어버리거나 아예 무시해버린다. 그러나 성공적인 비즈니스 리더들은 반대 경고를 세심하게 평가하는 일이 성공과 실패를 가름한다고 믿는다.

고객의 높은 기대를 충족시키기 위해 변화를 모색해야 하는 제품이 있는 반면, 변화를 준 제품이 회사가 내세우는 본연의 약속을 저버리게 하는 경우도 있다. 그러한 제품이 고객의 저항에 부딪혔다면, 계속 고객에게 내놓는 것보다 아예 제품을 접는 쪽으로 생각해보는 것이 좋다. 이것은 내가 직접 체험한 후 느낀 일이다. 우리 아이들과 동네의 스타벅스를 찾았을 때, '초코피노'라고 적힌 사인보드가 보였다. 마시는 초콜릿 음료가 신제품으로 나왔다는 것이었다. 마침 그 매장이 신제품 시음행사를 하고 있다며 우리에게도 샘플링을 권했다. 내 딸과 나에겐 그 음료가 천국의 맛이었지만, 우리 아들에겐 너무 진하고 달았다.

당시 나는 우리 동네가 훗날 마시는 초콜릿 '샨티코(Chantico)'라는 이름으로 출시될 신제품을 테스트하는 시장이었다는 것도 몰랐다. 어쨌든 나는 그 음료가 좋았고 심지어 '초코피노'보다 업그레이

드된 그 이름도 좋았다(샨티코란 가정과 가족의 화목을 주관하는 아즈텍의 여신 이름을 딴 것이다). 나는 스타벅스가 또 한 번 뛰어나게 맛있는 제품을 선보였고 그 덕에 저녁 시간에 매장을 찾는 고객이 늘어날 거라고 생각했다.

일단 탁월한 제품으로 인정받으며 화려한 데뷔를 했음에도 불구하고, 마시는 초콜릿 샨티코는 많은 고객에게 사랑받지 못했고 결국은 판매를 중단하기에 이르렀다.

이 음료를 출시한 건 실수였다고 치부해버릴 수도 있었을 것이다. 그러나 스타벅스는 원래의 스타일대로 실패 속에서 배움의 기회를 찾아냈다. 샨티코의 실패에 대한 언론의 평에 대해 스타벅스는 다음과 같은 공식적인 입장을 취했다. "우리는 샨티코 음료를 실패로 보지 않는다. 우리의 고객으로부터 배운 것을 토대로 향후 모두가 열광할 초콜릿 음료를 제공할 발판을 마련했다고 생각한다." 샨티코의 끝은 두 가지 신제품 초콜릿 음료개발의 시작으로 이어졌다. 현재의 후퇴와 손실을 미래의 이윤으로 끌어올릴 줄 아는 비즈니스 리더는 매우 드물다. 스타벅스에는 바로 그러한 리더들이 있다.

잘못된 인식과
타당한 책임지기

우리는 현재 정보가 빛의 속도로 퍼지는 시대에 살고 있다. 이런 세상에서, 기업은 잘못된 정보 때문에 엄청난 저항과 반대에 부딪히는 경우가 많다. 발 빠른 대응으로 오해를 바로잡는다 해도, 이미 퍼져버린 소문이나 잘못된 정보 때문에 수없이 많은 사람들이 고통을 겪는다.

스타벅스 브랜드도 이처럼 부정적이고 근거 없는 정보의 맹공격에 시달렸던 적이 있다. 2004년 이라크와 아프가니스탄에 미군이 주둔하게 되었을 때, 해군 하사관인 하워드 라이트는 친구에게서 항간에 떠도는 소문을 전해 들었다. 이 소문에 분개한 라이트 하사관은 지체 없이 아는 사람들에게 이메일을 돌렸다.

"부디 이 메일을 아는 사람들 모두에게 전달해주셨으면 합니다. 되도록 많은 사람들이 알아야 하는 일입니다. 우리 해군은 우리의 조국인 미국을 위해 이라크에 주둔해 있습니다. 얼마 전 해군은 (…) 스타벅스로 메일을 보냈습니다. 우리는 스타벅스 커피를 열광적으로 좋아하며 원두커피를 무상으로 지원받고 싶다는 내용이었습니다. 얼마 후 스타벅스 측에서 답장을 보내왔습니다. 내용은 스타벅스를 아껴주는 마음은 고맙지만 스타벅스는 전쟁에 관련된 것은 지원하지 않으므로 커피를 제공할 수 없다는 것입니다. (…) 그러므로 우리는 스타벅스 제품을 절대 구입해서는 안 됩니다."

물론 스타벅스에 이러한 정책이 있을 리 없다. 이처럼 터무니없는 주장을 뒷받침하는 근거도 없었다. 위와 같은 소문에 대해 스타벅스 경영진은 회사의 정책을 재차 발표하였다. "스타벅스는 미군 부대원들에게 깊은 존경과 감탄을 금할 길이 없습니다. 미국과 해외의 모든 부대원 여러분께 깊은 감사를 표하는 바입니다. 민주주의와 자유라는 미국의 가치를 위해 기꺼이 헌신하는 여러분께 저희는 진심으로 감사하고 있습니다. 스타벅스가 회사 차원에서 부대에 직접 기부를 할 수는 없지만, 곳곳의 우리 파트너들이 커피를 무상으로 제공함으로써 지원을 아끼지 않고 있습니다."

인터넷 메신저와 이메일이 넘쳐나는 세상에서 재빠르게 대응하기란 거의 불가능에 가까운 일일 것이다. 그러나 스타벅스 경영진은 라이트 하사관의 이메일에 담긴 잘못된 정보에 즉각 대응하여 브랜드 이미지의 하락을 최소화하고 손실을 줄일 수 있었다. 그리고 결국, 라이트 하사관이 다시 한 번 모든 지인들에게 이메일을 보내기에 이르렀다.

"약 5개월 전 제가 보낸 메일을 기억하십니까? (…) 당시 저는 스타벅스가 전쟁에 관련된 것은 절대 지원하지 않는다고 선언했다는 소식을 누군가에게 전해 들었습니다. 저 또한 그 소식을 되도록 많은 사람들에게 알리려고 했습니다. 제대로 알아보지도 않고 영문도 모른 채 말입니다. 그러나 그건 사실이 아니더군요. 스타벅스는 모든 부대원들을 지원하고 있습니다. (…) 그래서 저는 잘못된 내용의 메일을 성급하게 퍼뜨린 것을 사과합니다. 지난번 메일을 전달했던 모든 이에게, 이번에는 이 메일을 다시 한 번 전달해주셨으면 합니다."

기업이나 브랜드의 가치는 잘못된 소문, 과장과 왜곡, 정확하지 않은 정보들 때문에 심각한 손상을 입을 수 있다. 옳지 못한 정보가 공신력을 얻기 전에 오해를 바로 잡기 위해 즉각적으로 움직여 진실을 규명해내야 한다.

한편 핵심고객들이 신뢰와 신용을 잃지 않기 위해서라도, 상급 관리자들은 문제점을 발견한 즉시 온전히 책임을 질 각오를 해야 한다.

2001년 9월 11일, 미드우드 앰뷸런스 서비스의 직원들이 뉴욕의 세계무역센터 테러현장 복구를 위해 모였다. 잠시 후 다음과 같은 내용의 이메일이 짧은 순간에 퍼졌다.

"우리 가족은 뉴욕 브룩클린에서 앰뷸런스 서비스를 운영하고 있습니다. (…) 우리 삼촌은 공격 당시 희생자들을 돕기 위해 '제로 지점(폭탄 낙하지점)'에 계셨습니다. 그들은 이 위기를 극복하기 위해 귀중한 시간을 할애하였습니다. 많은 뉴요커들이 그러했듯이 말입니다. 숱한 사람들이 이 참사로 인해 크나큰 충격을 받았습니다. 다들 아시다시피, 충격 상태의 희생자들에겐 많은 양의 물을 공급해야 합니다. 우리 삼촌은 희생자들에게 먹일 물을 구하러 도로변의 스타벅스로 갔습니다. 그런데 스타벅스는 우리 삼촌에게 물값을 요구했습니다. 이게 말이나 됩니까! 삼촌은 주머니를 탈탈 털어 생수 세 박스를 사셨습니다. 자그마치 130달러나 지불하고 말입니다, 지금과 같은 위기상황에서, 물을 제공하여 작게나마 도움이 되는 편이 이곳 소매점들에게도 행복한 일이라고 믿는다면 제가 잘못인 건가요?"

메일은 계속되었다. "저는 어느 누구 못지않게 프라푸치노를 사랑합니다. 그러나 참혹한 위기 속에서 이윤이나 좇으려 하는 회사는 (…) 사람들이 힘들게 벌어들인 돈을 지불할 가치가 없습니다. 이 메일을 여러분이 아시는 분들 모두에게 포워딩하시고, 그들도 같은 방법으로 퍼뜨려달라고 해주세요."

불행히도, 이 메일의 내용은 정확했다. 그곳 스타벅스 파트너는 2001년 9월 11일 비극의 날, 고객에게 물을 무료로 제공하지 않고 130달러어치의 요금을 청구하는 쪽을 택했다. 게다가 사태를 수습

하려는 몇 가지 노력도 서투르기 짝이 없었다. 문제의 이메일이 표면에 떠오르자, 스타벅스의 임원진들이 나서서 일을 바로잡았다. 당시 스타벅스 사장이자 CEO였던 오린 스미스는 앰뷸런스 회사에 130달러 수표를 보냈고, 대표단을 이끌고 몸소 찾아가 사과를 했다. 또한 '제로 지점'에 위치한 매장은 24시간 운영되었고, 구급대원과 자원봉사자들에게 음료와 패스츄리를 무료로 제공하였다.

회사 차원에서는 국가구제기금에 1백만 달러 이상의 기부금을 모았다. 그러나 물 판매에 관한 악성 보도가 대중의 인식이라는 웅덩이에 엄청난 파장을 몰고 왔다. 그나마 다행인 것은, 대중은 인간의 실수를 용서할 줄 안다는 점이다. 사람들이 결코 용서하지 않는 건 실수에 대해 책임을 지려 하지 않거나, 결점을 해결하려 들지 않고 방관하는 자세다.

이 점에서도 스타벅스의 임원진은 유능한 리더십을 발휘했다. 뜻밖의 힘든 상황에서 잘못된 결정을 내린 파트너에게 책임을 물어 희생양으로 삼는 대신, 오린 스미스는 가장 위대한 리더답게 행동했다. 즉 이것이다. 잘못을 저질렀을 때에는 잘못을 인정하고, 문제를 시정하는 것, 그리고 당신이 있는 곳에서도 이 과정을 그대로 시행하는 것이 필요하다.

매장 내부의 저항

회사가 진정으로 저항을 받아들이는 데 성공하기 위해서는, 모든 직급의 직원들이 뒤죽박죽인 상황에서도 의연히 대처할 수 있도록 결정권을 쥐고 있어야 한다. 스타벅스의 매장 파트너들은 자기 상급자들의 행동을 보고 따른다. 그들은 대부분 고객과 얼굴을 맞대고 의사소통을 하기 때문에 불쾌감을 가지고 업무를 방해하는 고객을 어떻게 응대해야 하는지에 관한 교육을 철저히 받아야 한다.

스타벅스 점장인 홀리 밴더냅은 파트너들이 고객의 요청을 들어주기 곤란한 상황에 처했을 때 어떻게 하는지를 설명한다. "스타벅스에는 '무조건 '예'라고 답하기'라는 기본수칙이 있습니다. 고객이 뭔가를 요청했다면, 우리는 어떻게 하면 그 요청을 들어줄 수 있는지를 고민합니다.

안타깝게도, 간혹 도저히 '예'라고 답할 수 없을 때가 있습니다. 특히 다른 사람들의 안전이나 건강을 위협할 소지가 있을 때가 있어요. 하지만 가능한 한 고객과 그들의 요구에 부응하기 위해 항상 최선을 다합니다. 예를 들어서, 우리 매장 단골고객 중 좀 이상한 음료를 주문하는 숙녀분이 한 분 있어요. 처음에는 차이 시럽 15펌프, 시나몬 시럽 2펌프, 무지방 우유를 한 컵에 넣고는 다 같이 스팀해달라고 하셨어요. 그런 주문은 난생 처음이었죠. 파트너는 시럽과 우유를 동시에 스팀하는 것만 빼고는 뭐든 다 하겠다고 말했어요. 그렇게 하면 스팀기 구멍이 막힐 것 같았거든요. 그 파트너는 고객에게 그런 음료는 만들 수 없다고 단언하는 대신, 미래를 위해서라도 방법을 모색해보겠다고 말했어요. 한편 저는 기계 책임자에게 전화를 걸었고, 그 사람은 별 문제 없을 거라고 했어요. 우리는 안 된다고 하지 않고 선택 가능한 사항들을 탐색했어요. 그리고 결국 방법을 찾아냈고요."

홀리는 대안을 찾아내야 할 순간이 무척 자주 온다고 말한다. "이유는 모르겠는데, 가끔 집에서 우유를 가져와서는 그걸 자기 음료에 넣어달라고 요청하는 고객들이 있어요. 바리스타들은 우리 스팀기로 고객의 우유를 스팀할 수는 없는 이유를 설명해야 하지요. 위생과 건강 문제 때문이에요. 하지만 파트너들은 항상 가능한 대안을 제시합니다. 가령 컵 하나에 에스프레소를 넣고 고객이 가져 온 우유를 섞으면 아이스 음료가 되거든요." 자, 이렇게 매장의 정 책을 간단히 설명하고 한두 가지 새로운 시도를 도입하는 것만으 로도 문제가 해결된다. 오늘날의 비즈니스는 복잡하다. 많은 것들 이 흑백논리로 설명이 되기는 하지만, 비즈니스를 성장시키거나 팀 을 이끌 때는 회색지대의 명암까지 생각해야만 한다. 사실, 앞서가 는 비즈니스 리더는 자기 스스로와 직원들에게 "하느냐 안 하느냐" 가 아니라 "어떻게" 하느냐를 자문해보라고 권한다. 그들은 다소 무리한 목표를 세우고는 자신과 동료들을 격려하여 가능하다고 생 각한 것 이상을 달성할 수 있도록 한다.

스타벅스 리더들은 여기서 한 걸음 더 나아간다. 그들은 파트너 들이 고객의 불만을 암시하는 비언어적인 신호를 알아챌 수 있도 록 돕는다. 설령 고객들이 직접적으로 불편한 심기를 표시하지 않 는다 해도 말이다. 지역매니저 리사 레나한의 설명을 들어보자. "고 객의 불만족을 알아채는 방법이 있습니다. 고객의 몸짓언어를 읽는 것입니다. 고객이 요청하기도 전에 알아서 척척 서비스할 수 있어야 하지요. 고객이 다가와서 정말 화가 난다고 말할 때까지 멍하니 있 지 마세요. 발을 톡톡 구르거나 팔짱을 낀다면, 뭔가 잘못됐다는 표시입니다."

리사의 설명이 이어진다. "가끔 우리 파트너들이 고객에게 신제 품을 권할 때가 있습니다. 주의 깊게 관찰해보면 그들이 새로운 음료를 즐기는지 아닌지를 알 수 있어요. 고객이 만족하지 않은 것 같다면, 그분이 평소 즐겨 드시던 음료나 음식으로 바꿔드려야 합니다. 그러는 편이 파트너에게도 안심이 될 거예요. 특히 덕분에 그 고객이 기분 좋게 매장을 나서게 된다면 더욱 뿌듯하지요. 아주 작은 서비스지만, 누군가를 완전히 우리 편으로 만들 수 있는 방법이기도 합니다. 매장에서 이런 일을 겪었다고 생각해보세요. 주문한 음료가 맘에 안 드는데, 그걸 누군가가 알아채고 당신이 불만을 표출하기도 전에 뭔가 조치를 취해준다면 정말 끝내주는 경험이 되겠지요."

눈앞에 닥친 반대에 건설적으로 대응하는 기업은 고사하고, 직원들에게 미묘하고도 덜 명확한 긴장의 신호라도 찾아보려 하는 기업조차 드문 것이 현실이다. 그러나 한 회사가 진정으로 성공하려면, 모든 직급의 직원들이 고객이 말하는 것은 물론이고 말하지 않는 것도 정확하게 파악할 수 있어야 한다.

사람들은 피드백을 수용하고 이에 대해 건설적으로 반응하는 회사에 관심을 보인다. 스타벅스 고객인 레슬리 앨터가 다른 고객과 바리스타 간의 상호작용을 목격했다. "하루는 어떤 여자가 아기를 데리고 스타벅스로 들어왔어요. 잠시 후 그녀가 화장실에 갔다가 나오는데, 뭔가 언짢은 표정이더군요. 그녀는 곧바로 바리스타에게 가서 불만을 토로했어요. '화장실에 기저귀교환대가 있어야 하는 거 아니에요?' 여기엔 아이들 데려오는 여자고객도 많을 텐데요. 바리스타는 이렇게 대답했어요. '아, 좋은 생각이네요. 알려주셔서 감사합니다. 점장님께 말씀드려서 조치를 취하도록 하겠습니다.' 그 여성은 이 대답이 아주 만족스러운 듯했어요. 바리스타가 그녀를 진정시킨 방법은 대단히 효과적이었어요."

고객을 진정시킨 게 전부가 아니다. 그 바리스타는 점장에게 고객의 요구사항을 보고했고, 상황은 신속하게 개선되었다. 스타벅스 파트너인 릭 메이스도 이와 비슷한 사례를 말해주었다. "제가 일했던 파이크 플레이스 매장의 점장님에게 깊은 인상을 받았던 적이 있습니다. 그분 성함이 앨리슨이었는데, 고객의 불만사항을 경청하고 그에 대한 조치를 취하는 데 놀라운 능력을 보이는 분이었어요. 실제로, 상당한 거리를 걷거나 자전거를 타고 오시는 여자고객이 한 분 있었거든요? 그분은 자주 불평을 하셨죠. '코트를 둘 데가 없네⋯' 라고요. 앨리슨 점장님이 이 얘기를 듣고는 직접 나가서 작은 코트걸이용 고리를 사오셨어요. 점장님은 문에 고리를 붙이고 커다란 리본도 달았어요. 그 고리는 지금도 그 자리에 그대로 있고요. 사실은요, 고객들이 스타벅스 1호점을 관광하고 싶다고 하실 때마다 저는 이 얘길 꼭 해드린답니다."

다른 사람들이 하는 말을 당신의 비즈니스와 고객 경험 전체를 향상시키는 데 사용할 수 있는데, 그러한 불만을 무시할 이유가 있겠는가? 어떠한 비판에도 긍정적으로 대응하는 능력이야말로 결정적인 리더십 기술이라 할 수 있다. 고객의 불만에 귀 기울이는 리더는 고객에게만 이로운 것이 아니라, 함께 일하는 사람들이 보고 배울 수 있는 본보기가 되기도 한다.

그러나 고객의 불만을 알아내려는 노력이 때로는 새로운 형태의 반감을 불러일으킬 수도 있다. 지역매니저인 제럴드 카일은 이렇게 회상한다. "어느 날 파이크 플레이스 매장에 거대한 커피돼지가 배달돼왔어요. 어마어마한 양의 유리섬유로 만들어진, 웬만한 장정 4~5명을 합한 것보다 더 큰 녀석이었죠. 이 커피돼지는 코끝부터 꼬리끝까지 다크로스팅된 커피원두로 뒤덮여 있었어요. 그래서 이름이 '커피돼지'였고요. 그 녀석은 스타벅스 크리에이티브 그룹의 디자이너 파트너인 샌디 넬슨의 작품이었어요. 스타벅스가 기금마련을 위해 돼지 세 마리를 제작하기로 했는데, 샌디도 이 프로젝트에 뽑힌 디자이너였던 거예요. 하지만 안타깝게도, 커피돼지가 고객들의 동선에 방해가 된 모양인지 곧이어 고객의 불만이 속출하기 시작했어요."

고객의 요구사항을 파악하는 와중에도, 제럴드에게 새로운 골칫거리들이 속속 생겨났다. "커피돼지를 매장 바깥에 내놓을 수도 없었던 게, 날씨 때문에 망가지기 십상이었으니까요. 그래서 결론 내리기를, 매장 입구 위에 올려놓자는 거였어요. 매장 내 구조를 변경시키는 데에는 한계가 있었기 때문에, 커피돼지는 아주 애물단지가 되고 말았어요. 파이크 플레이스 역사위원회의 승인도 얻어야 했고, 매장 디자이너들과 논의해서 커피돼지를 문 위에 앉히는 방법을 어떻게든 만들어내야 했죠. 우리 팀원들은 이 돼지상이 어떻게 지탱될 것인지, 어떤 원리로 지진에도 안전한지, 어떻게 매장의 역사적인 영향력을 전혀 손상시키지 않을지 일일이 점검하고 설명해야 했어요."

제럴드는 "카운터 옆에 커피돼지가 떡하니 자리 잡은 날이 길어질수록, 고객의 불만은 나날이 늘어갔다"고 덧붙였다. "이 골칫거리를 해결하려고 애를 쓰면 쓸수록, 역사위원회의 반대도 점점 더 심해졌어요. 하지만 우리는 끈기를 갖고 기다렸고, 결국 승인을 얻을 수 있었어요. 파이크 플레이스의 유지보수 담당 직원들과 우리 파트너들이 협력하여 커피돼지를 매장 정문 위의 횃대에 올려놓았답니다. 그렇게 해서 커피돼지가 그 자리에 앉아 있는 거예요. 자기가 일으킨 온갖 일들은 전혀 모른다는 듯이 말이에요."

스타벅스의 방침은 모두 개방적인 태도를 기본으로 하고, 경영진도 더 나은 것을 향해 끝없는 탐구를 계속하고 있다. 그럼에도 불구하고 스타벅스 파트너들이 해결하지 못한 일들이 있다. 그들은 인내심을 발휘하여 돼지를 옮기는 데 성공했지만, 탄자니아의 응고롱고로 분화구 부근의 커피 재배지역을 짓밟고 가버리는 코끼리 떼와 여타 동물들을 막을 방도는 찾을 수가 없었다. 결국 스타벅스와 농장은 동물들의 이동 경로를 인정할 수밖에 없었다. 이러한 장애물이 당신을 가차 없이 두드릴 때라도, 창의적인 정신 하나만은 절대로 건드리지 못한다. 재미있게도 스타벅스는 블랙에이프런 라인에 탄자니아에서 생산된 고급커피를 포함시켰는데, 그 커피의 이름은 '엘리펀트 킨지아'다(엘리펀트는 영어로 '코끼리', 킨지아는 스와힐리어로 '경로'를 뜻한다).

코끼리 떼의 이동경로는 쉽게 바꿀 수 없지만, 다른 형태의 반대와 저항, 장애물은 적극적인 경청, 피드백을 장기적인 성장의 발판으로 삼겠다는 정신으로 충분히 극복할 수 있다. 위대한 리더는 방어막을 치우고 다른 사람들의 이야기에 귀와 마음을 열어 귀중한 발전도구로 삼는다. 바로 이것이 '반대를 포용하는' 태도다.

🎯 성공적 비즈니스를 위한 경험 만들기

- 당신과 당신의 리더는 타인의 비판을 기꺼이 경청할 자세가 되어 있나요?
- 당신은 문제를 얼마나 진지하게 받아들이고 있습니까?
- 문제해결에 비평가를 얼마나 빨리 관여시키나요?
- 불쾌한 갈등을 유발할 것이 두려워 사람들을 피할 때는 언제인가요?
- 일을 하면서 "안 된다"는 말을 얼마나 자주 하는지 생각해 보세요. 어떤 상황에서 "예"라는 반응이 나올 수 있을까요? 최소한 "그럴 수도 있겠네요"라는 반응이 나올 때는 언제인가요?

힘의 한계에 직면하지 않고 성장할 수 있는 것은 없다.

- 반대를 포용하는 데는 복합적인 기술의 조합이 필요하다. 이는 기업과 개인이 비판, 회의, 짜증, 노파심 등과 직면했을 때 비즈니스와 관계의 새로운 국면을 맞을 기회를 마련하도록 돕는다.

- 반대를 효율적으로 다루기 위해서는, 자신의 불만이 해결되길 바라는 사람과 그저 불평만을 일삼는 사람을 구분할 수 있어야 한다.

- 비방을 하는 사람을 꺼리는 것은 당연하지만, 문제해결을 위한 논의의 초기 단계에 그러한 견해를 받아들이면 대부분 많은 것을 얻을 수 있다.

- 비판의 소리가 가라앉았을 때, 비판의 주체였던 바로 그 사람들이 당신의 가장 든든한 후원자가 될 수 있다.

- 잘못된 정보는 신속하게 바로잡아야 한다.

- 실수를 했을 때는, 직접 확실하게 책임을 지고 문제를 해결하려는 행동을 보이는 것이 중요하다.

- 반대를 포용하라. 코끼리 떼가 관련된 문제만 아니라면 말이다.

스 타 벅 스 경 험 마 케 팅

제 5 장

기업의
자취를
남겨라

LEAVE YOUR MARK

"어느 누구도 더 나은 세상을 만들기 전에
잠시도 망설일 필요가 없다는 건 얼마나 멋진 일인가"

- 안네 프랑크 -

우리 모두는 이 세상에 어떤 자취를 남긴다. 다만 그 자취가 긍정적인가 부정적인가 하는 차이가 있을 뿐이다. 우리는 받은 것보다 더 많은 것을 주는가, 아니면 주는 것보다 더 많은 것을 받는가? 이는 관리자들의 행동이 개인과 사회에 깊은 영향을 미치는 비즈니스 세계에서 특히 중요한 문제다. 어떤 리더들은 회사의 수익 목표를 달성하는 것에 만족한다. 그들은 직원들 급여부터 운영경비까지 모든 것을 아끼려 든다. 그러나 자신이 속한 지역사회에 강하고 긍정적인 영향을 주는 것이 비즈니스의 성공과 연결되는 중요한 요소라고 믿는 리더들도 많다.

사회적 관여는 스타벅스의 리더십이 추구하는 사명에서도 필요불가결한 부분을 차지한다. 지역사회 활동에 참여하는 일은 전 세계 사람들에게 '스타벅스 경험'을 전하는 기본이 된다. 스타벅스의 경영진은 회사와 지역사회에 대한 의무를 다하는 데 있어 전무후무한 헌신을 보여주고 있다. 그들은 스타벅스 사람들을 항상 신경쓰고, 지역사회에 봉사하며, 제품 공급자들의 삶의 질을 고려하고, 유통망의 경제적 투명성을 확보한다. 또한 국가 및 지역사회의 여러 조직에 막대한 기부를 하고, 삶의 기반을 마련하고자 하는 지역주민들을 원조하고, 미래 세대를 위해 자원보호 계획을 세우고 실천하며, 환경보존에 힘쓴다. 이 모든 것도 스타벅스가 펼치는 사회적 활동의 일부분에 지나지 않는다.

기업의 경영진이 사회문제에 이토록 많은 시간과 노력을 투자하는 이유는 무엇일까? 스타벅스 경영진이 직원과 지역사회에게 많은 것을 되돌려주는 건 단지 이것이 옳은 일이라고 믿기 때문일까, 아니면 더 많은 비즈니스를 끌어오기 위한 방편일까? 설령 처음에는 수익에 도움이 될 거라는 생각에 훌륭한 기업시민이 되기로 결정했을지라도 이런 의무를 지속적으로 수행하기 위해서는 최상의 유일한 방법이라고 믿어야 가능하다. 스타벅스 조직을 속속들이 탐색한 후에 내가 내린 결론은 스타벅스야말로 제대로 된 기업이라는 점이다.

스타벅스의 경영진은 '지역사회와 환경 보호에 적극적으로 기여한다'는 사회적 약속을 사명 선언서에 담았다. 그들은 단순히 약속을 제시하는 데서 그치지 않고, 이 사명과 가치를 일상적인 의사결정의 지침으로 삼아 성실히 지켜나가고 있다. 실제로 스타벅스는 환경에 대한 특별한 관심을 담은 별도의 사명 선언서를 작성했다. 그 내용은 다음과 같다.

스타벅스는 비즈니스의 모든 측면에 있어 환경보호에 앞장서는 역할을 수행한다. 우리는 다음의 임무들을 준수함으로써 이 사명을 이행한다.

- 환경문제를 이해하고 그와 관련한 정보를 우리 파트너들과 공유한다.
- 변화를 가져올 수 있는 혁신적이고 유연한 해결책을 개발한다.
- 친환경 제품을 구입·판매·사용하도록 노력한다.

- 재정상의 책임은 우리 환경의 미래에 필수적이란 것을 인식한다.
- 환경에 대한 책임을 기업의 가치에 주입한다.
- 각 프로젝트의 진행상황을 평가하고 감독한다.
- 모든 파트너들이 우리의 사명을 공유할 수 있도록 독려한다.

가치 지향적인 접근법을 고수하기 위해, 스타벅스는 다양한 비즈니스 분야와의 협력을 통해 사회적 책임 행위들을 감독하고 실천하고 있다. 스타벅스의 이사회 위원들, CEO 겸 사장, 스타벅스 재단이 모두 CSR(기업의 사회적 책임)부문의 부사장과 협의 하에 지역사회 우선주의에 따른 정책을 세우고 이를 실행한다. 지역사회에 공헌하겠다는 스타벅스의 목표를 실현시키기 위해 비즈니스 실천 및 CSR부와 같은 다양한 부서를 두고 있기도 하다. 이들 부서의 사람들은 최근의 사회 프로그램에 중점을 두는 동시에, 스타벅스가 지역사회에 기여할 새로운 방법을 끊임없이 모색한다. 그 부서의 부사장인 수 메클렌버그는 다음과 같이 말한다. "기업의 사회적 책임, 즉 CSR이 자선의 문제에서 출발하여 비즈니스를 운영하는 방법으로 발전하는 과정을 지켜보았습니다. CSR은 변모하고 있어요!"

그렇지만 많은 관리자들은 지역사회를 위한 프로그램에 투여할 자원이 없다고 느낀다. 더구나 스타벅스와 같은 거대기업과 비교해 보면, 그들의 자본은 턱없이 부족한 것이 사실이다. 그러나 진실을 바라보아야 한다. 회사가 사회에 어느 정도의 영향을 미치는지를 설명하는 데 회사의 규모 따위는 극히 일부분에 불과하다. 경영진의 의식과 그 마음의 크기야말로 커다란 역할을 해낼 수 있다. 중소기업이면 어떤가. 그들과 그들의 이웃을 위해 일하는 사람들에게 경이로운 일들을 행하는 데는 아무런 문제가 없다. 중소기업이라도 작은 샘물에 거대한 물보라를 일으킬 수 있다.

안타깝게도, 소규모 영세업자부터 다국적 기업에 이르기까지 모든 규모의 비즈니스 리더들 중에 자신이 지역사회와 사회 전체에 기여할 수 있다는 사실을 깨닫지 못하는 이들이 많다. 이런 가운데 스타벅스의 경영진은 개인과 지역사회의 삶을 개선시키는 힘을 발휘함과 동시에 사업적으로도 성공하는 방법을 보여주는 훌륭한 본보기가 된다.

기업의 사회적 책임

10년도 더 전부터 기업의 사회적 책임(CSR)이라는 화두가 비즈니스계를 떠들썩하게 했다. 물론 이 기간 동안에도 여러 기업의 임원들이 줄줄이 내부거래, 부정, 횡령 등의 혐의로 구속·수감되었다. 미국만 해도 전체 성인의 절반가량이 대기업에 회의적인 태도를 보이며, 대부분의 기업과 경영진의 진실성과 윤리성에 의문을 갖고 있다.

소비자의 경계심을 풀고 싶다면, 회사의 시선을 이윤창출에서 지역사회에 대한 관심으로 돌리는 편이 가장 현명하다. 오늘날 번창하는 기업들은 직원과 지역주민들에 대한 투자가 얼마나 중요한지 잘 아는 경영진이 이끌어가고 있다. 이들 기업의 직원들은 다른 곳보다 높은 급여 이상의 배려를 받게 되고, 지역주민들은 요구에 대한 기업의 반응은 물론이고 심지어 요구 이전에 기업의 선행을 경험하게 된다. 다양한 설문조사가 끌어낸 결론은 다음과 같다.

- 사람들은 사회적 의식이 있는 기업에서 일하거나 그런 곳과 거래하는 것을 선호한다.
- 재능과 능력이 있는 지원자들이 윤리규범이나 지역사회 공헌 여부를 고려하여 입사할 회사를 선택하는 경우가 점점 늘고 있다.
- 지역사회 활동에 적극적으로 참여하는 회사의 직원이 그렇지 않은 회사의 직원보다 근로의욕이 세 배 높은 것으로 나타났다.
- 직원 개개인의 가치와 업무환경이 일치할 때, 업무 효율성이 더욱 높아진다.
- 환경에 미치는 영향에 관심을 기울이는 기업이 그렇지 않은 곳에 비해 일반적으로 기업가치가 5퍼센트 높다.
- 직원들의 지역사회 활동 참여는 팀워크, 리더십, 업무능력, 기업 정체성을 강화한다.

대부분의 리더들은 연말 결산보고서에 찍힌 숫자를 보며 회사가 이윤을 낸 사실에 그저 행복해 할지도 모른다. 그런데 사회적 책임의 효과는 명확하게 수치화하기가 어렵다. 숱한 기업의 경영진들은 CSR의 의미를 알기 위해 꽤 오랜 세월을 고심하고 애썼다. 때로는 지역사회 내에서 기금을 조성하려는 노력 정도의 좁은 의미로 축소되기도 했고, 때로는 의미가 너무나 확대되어 마치 미인대회에서 소원을 묻는 질문에 무조건 '세계평화'라 답하는 후보자들 같기도 했다.

이에, 윤리 및 법률 컨설팅 회사인 에티컬 리더십 그룹을 설립한 스티브 프리스트는 "자취 남기기"라는 매우 이해하기 쉬운 정의를 내렸다. 그는 〈글로벌 파이낸스〉 지의 기사에 다음과 같은 설명을 남겼다.

어떤 회사가 주주에 대한 의무를 진지하게 받아들일 때, 그 회사는 사회적 책임을 다하는 셈이다. 이는 지역행사나 환경 프로그램을 후원하는지, 혹은 자선을 목적으로 기부를 하는 재단을 보유하고 있는지에 관한 게 아니다. 이 회사가 청렴하다는 평판을 통해 직원과 투자자 고객, 공급자, 그리고 지역사회의 신뢰를 얻는 것에 관한 문제다.

스타벅스처럼 사회활동에 헌신하는 기업의 성공은 자신의 약속과 의무를 성공적으로 실행할 때 따라오는 다른 이들의 신뢰에 달려 있다.

신뢰를 쌓기

스타벅스의 브랜드 가치는 주주들의 신뢰와 100퍼센트 연결되어 있다. 스타벅스는 전 세계 사람들의 폭넓은 인정 하에 기업을 견고하게 운영해가고 있다. 사람들이 스타벅스 경영진이 공언한 바를 실현해낸다고 믿는 한, 회사는 계속 튼튼하게 유지될 것이다. 스타벅스 경영진은 직원을 배려하고, 고객에게 좋은 품질의 제품을 제공하고, 투자에게 이익을 주고, 환경을 해치지 않는 범위 내에서 지역사회의 발전을 꾀하는 등 일련의 활동을 통해 주주들의 두터운 신뢰를 얻는 데 성공했다.

광범위한 의미의 성과와 현재의 목표를 주목하여 스타벅스에 관심을 두고 있는 사람들은 '3대 요점(Triple Bottom Line)'이라는 개

넘을 통해 회사의 우선순위와 관련한 실적을 평가한다. 스타벅스 경영진은 단순히 재무실적을 보고하는 데 그치지 않고, 사회적 영향력과 환경 관련 활동도 함께 보고함으로써 사람들의 기대에 부응하고 있다. 경제, 환경, 사회의 3대 부문에 관한 회사의 실적은 CSR 연간보고서로 공개된다. 사람들은 스타벅스 웹사이트에서 이 보고서의 전문을 볼 수 있고, 각 매장에서 요약본을 볼 수 있다.

스타벅스는 사회문제에 지대한 관심을 갖고 그에 대한 의무를 회사 차원에서 책임지고 있기 때문에, 좋은 직장을 원하는 취업 희망자뿐만 아니라 다양한 계층의 사람들에게 열렬한 지지를 얻고 있다. 현재 IT부서의 파트너로 일하고 있는 시바 오리코도 그러한 이유로 스타벅스에 입사하길 희망했다.

"스타벅스에 입사하기 전에도 저는 여러 다국적 기업에서 근무한 경력이 있습니다. 모두 성공적인 기업이었지만, 사회문제에 관심을 두는 곳은 단 한 군데도 없었습니다. 그래서 스타벅스가 행하는 사회 활동에 호기심이 생겼지요. 저는 이 점을 조금 더 깊이 있게 들여다보았고, 스타벅스가 사회적 책임을 다하고 있을 뿐 아니라 기업들의 사회활동에 방향을 제시하고 이끌어간다는 사실을 알게 되었습니다. 스타벅스에 입사하기까지 1년 반이라는 시간이 걸렸습니다. 그동안 저는 회사에 대한 조사를 계속하면서 스타벅스 파트너들을 많이 만나보았습니다. 회사에 대해 알면 알수록 스타벅스의 목표와 가치에 점점 더 매료되었어요."

동아프리카 출신인 시바는 단순히 IT지식을 보태는 것을 넘어서 스타벅스에 대단한 도움이 되는 인력이다. 고향의 식수난을 직접 경험한 덕분에, 그녀는 식수문제가 전 세계의 여성과 어린이에게 미치는 영향에 대한 지식과 이해를 제공하고 이 문제에 대한 회사의 관심에 불을 붙였다. 시바는 자신의 지식을 활용하여 생수 브랜드 에토스를 통한 워터 프로젝트에 기여하고 있다.

시바를 비롯한 재원들은 사회적 책임을 다하는 회사에 매력을 느낀다. 이러한 회사가 도전과 성취를 모두 제공한다는 사실을 알기 때문이다. 우리들 대부분은 재정적인 성공 이상의 것을 바라보는 조직에 속하고 싶어 한다. 그러나 상사의 사무실로 쳐들어가 CSR 프로그램을 주장하기 전에 미리 이해해두어야 할 것이 있다. CSR 활동의 열렬한 지지자들조차 이러한 활동의 재정적인 효과를 단기간 내에 측정하거나 보거나 경험하기 어렵다는 점을 인정하고 있다는 사실 말이다. CSR은 새로운 것이 오면 역사의 뒤편으로 밀려나버리는 일시적인 유행이 아니다. 비즈니스 운영방식에 대한 패러다임 자체의 변화다. 설령 훗날 어마어마한 보상이 기다리고 있다고는 해도, CSR은 정말 길고도 험난한 여정이다. 장기적 관점에서 CSR에 헌신한다면, 지역사회에의 참여를 통해 실질적인 이득이 구체화될 수 있다. 인내하는 리더들은 자신의 조직을 위해, 그리고 더 넓은 세상을 위해 인상적인 활동을 펼친다.

비즈니스의 사회적 책임 실천을 위한 트리플샷

이 책에는 스타벅스의 경영진이 지금까지의 매장 오픈, 커피수확, 비즈니스 운영의 결과를 어떻게 바라보는지를 보여주는 사례가 풍부하게 실려 있다. 이러한 경영진의 행동(직원혜택에 대한 의사결정, C.A.F.E. 실천 정책, 환경문제를 인식하고 다양성을 추구하는 기업들과의 관계 구축, 지역사회 참여 등)은 이미 충분히 소개되었다. 이제는 이러한 활동들이 전 세계의 지역사회에 스타벅스의 자취를 남기는 데 어떠한 도움이 되었는지를 살펴볼 때다.

파트너를 위한 혜택

하워드 슐츠와 스타벅스 경영진이 1주일에 20시간 이상 근무하는 직원들 모두에게 의료혜택을 주기로 결정했을 때, 이는 의무의 범위를 벗어난 일이었다. 가령 모범적인 경영사례를 담은 책이라면 이러한 혜택이 굳이 필요하진 않다고 주장할 것이다. 물론 이런 수준의 의료혜택을 제공하는 다른 퀵서비스 레스토랑도 전무했다. 이 업계의 말단직원은 의료혜택 없이 최저 수준의 임금을 받는 것이 일반적이었다. 이러한 행태가 업계에 만연했기에, 대부분의 전문가들 역시 스타벅스가 직원들에게 이러한 혜택을 제공하는 이유를 이해하지 못했다.

간접적으로 아르바이트생에게까지 이러한 의료혜택을 제공하기로 한 스타벅스의 결정은 다른 기업들에게 비슷한 수준의 보상을 제공해야 한다는 압력으로 작용했다. 기존 업체의 직원급여 수준을 낮추는 결과를 가져온다는 이유로 거대한 소매기업의 진출을 반대하는 지역사회도 일부 존재했다. 그러나 대부분의 지역사회는 스타벅스의 출현으로 인해 유사업종에 대한 기대감이 상승하기 때문에 그들을 반겼다.

C.A.F.E. 실천

앞에서도 언급했지만, 스타벅스는 커피구매에 관한 몇 가지 원칙을 담은 가이드라인을 개발했다. 특정기준에 부합하는 커피 공급자에게는 협상을 통해 장기적인 관계, 높은 커피가격을 보장한다. 그러나 스타벅스에 안정적으로 커피원두를 공급하기 위해서는 아래와 같은 몇 가지 기준에 부합해야 한다.

- 장부를 공개하여 노동자에 대한 임금이 어떻게 지불되고 있는지 스타벅스가 파악할 수 있도록 해야 한다. 여기서 노동자라 함은, 커피를 따는 일손에 이르기까지 커피수확에 관련한 모든 이들을 일컫는다.
- 스타벅스와 협력하여 친환경적 재배방법을 개발해야 한다. 이러한 노력

에는 농약과 물 소비량을 줄이는 방안이 포함된다.
- 노동자들의 삶의 질을 지속적으로 개선시켜가야 한다.
- 그리고 물론, 최상의 품질을 유지해야 한다.

스타벅스는 일반적으로 다른 경쟁업체보다 더 높은 가격으로 커피를 구매한다(대략 0.453kg 당 1.26달러 높은 가격). 또한 'C.A.F.E. 실천'이라는 가이드라인에 따른 기준에 입각하여 공급자와 계약을 맺음으로써 커피시장의 변동에도 농부들이 보호받을 수 있는 높은 가격을 보증한다. 덕분에 스타벅스 커피공급자들은 자신의 비즈니스를 더욱 전략적으로 계획할 수 있다. 즉 땅을 사고, 장비에 투자하고, 직원들 급여를 올려주며, 안정적으로 대출을 받을 수 있다.

좀 더 낮은 가격으로도 괜찮은 품질의 커피를 얻을 수 있는데 굳이 높은 가격을 고수할 필요가 있을까? 굳이 인센티브까지 제공해가며 공급자들이 환경문제를 신경 쓰고 노동자들의 사회적 여건을 개선하도록 독려하는 이유는 무엇일까? 실용성이라는 측면만 고려하면 굳이 그럴 필요는 없다. 그러나 스타벅스는 단순한 커피 구매자를 뛰어 넘는 길을 선택했다. 스타벅스의 리더들은 공급자와의 관계에 중점을 둔다. 그들은 스타벅스를 지원하는 사람들의 미래를 개선할 때 스타벅스의 미래도 밝을 것이라는 믿음이 있다.

환경문제를 의식하고 사회적 다양성을 추구하는 기업들과의 파트너십

　좋든 싫든 간에 우리는 자신이 일하는 조직이나 동료의 평판과 행동에 조금이라도 영향을 받게 마련이다. 공급자를 선택할 때 그들의 비즈니스 경력보다는 오직 가격만을 고려의 대상으로 여기는 회사들이 존재한다는 사실은, 안타깝지만 우리 모두가 아는 사실이다. 노동자 착취를 일삼는 공장이 하청업체로 선정되는 경우도 비일비재하다. 그러나 스타벅스의 관점은 다르다. 그들은 회사에 물건을 공급하는 업체의 가치는 무엇인지, 그곳에서는 편견 없이 다양한 사람이 일할 수 있는지를 평가해야 사회적 책임을 다할 수 있다고 여긴다.

　스타벅스는 공급업체와 하청업체가 다양한 인력을 동원하도록 해마다 까다로운 기준을 설정한다. 예를 들어, 여성근로자의 비율이 51퍼센트 이상이거나 소수민족이 운영하는 공급업체의 비율을 높이는 식이다. 마찬가지 맥락에서, 스타벅스는 어빈 매직 존슨(Earvin "Magic" Johnson: 미국의 스타 농구선수로, 에이즈에 걸린 뒤 스포츠 사업가이자 기업 투자자로 변신했으며 여러 사회 지원활동을 펼쳤다-옮긴이)이 설립한 존슨 개발회사와 제휴하고, 다양성의 조화와 환경문제에 대한 관심을 표하는 에토스 워터 같은 사업을 운영하고 있기도 하다.

스타벅스와 존슨 개발회사의 혁신적인 사업제휴는 UCO(Urban Coffee Opportunities, 커피가 제공하는 도시권 기회)라는 명칭으로 불린다. UCO는 대도시 내에서 경제적인 어려움을 겪고 있는 지역사회의 고용기회를 창출하고, 인력을 양성하며, 좋은 품질의 제품을 제공하려는 목적으로 1998년 2월에 50대 50의 합작벤처 형태로 설립되었다. 스타벅스가 지닌 소매업 노하우와 도시 지역에서 기회를 창출하는 존슨 개발회사의 전문성이 결합된 결과다.

과거에는 존슨 개발회사의 사장이었고 현재는 스타벅스 엔터테인먼트부 사장인 켄 롬바드는 이렇게 회고하고 있다. "기업이 옳은 일을 행하겠다는 강한 의무감을 갖고 소외된 지역으로 눈을 돌리는 것, 그런 곳에 사는 이들에게 중심지 사람들과 동일한 수준의 선택권을 제공하는 것, 이는 분명 매우 새로운 시도였습니다. 하워드 슐츠는 이에 매우 열정적이었고, 회사도 이를 기꺼이 받아들였습니다. 회의적인 목소리가 없었던 건 아니지만, 이러한 활동은 스타벅스를 비롯한 여러 소매업체와 기업들에게 아주 모범적인 본보기가 되었습니다. 우리는 소외된 지역으로 가서 수익성을 증명해냈고, 뜻 깊은 사업을 일구어냈습니다."

UCO와 같은 사업제휴가 효력을 발휘했던 이유는 이러한 프로젝트를 통해 사람들이 역경과 편견, 곱지 않은 사회의 시선을 극복할 수 있는 힘을 얻었기 때문이다. 확실한 비즈니스 모델, 기회의 창출, 인간 잠재력에 대한 믿음을 지닌 리더들은 자기 사람들에게 노력을 통해 위대한 결과를 이루어내도록 최선을 다해 독려한다.

돌려주가:
서비스에 불을 붙이다

　　지역사회를 지원하는 단체와 지역사회 기반의 조직은 그들의 임무를 달성하고 목표를 효과적으로 실현시키기 위해 자금과 자원봉사자가 모두 필요할 때가 종종 있다. 다행스럽게도 우리 모두는 지역사회의 자원봉사에 참여하거나 기업 차원의 기부 등을 통해 영향력을 미칠 수 있는 능력이 있다. 스타벅스의 경영진은 스타벅스 재단을 설립하고 기업 차원의 봉사활동을 장려하는 등 전 세계 지역사회를 지원하려는 노력을 지속적으로 해왔다. 이러한 활동을 통해 스타벅스 브랜드는 지역주민들과의 유대감을 강화할 수 있었고, 스타벅스 파트너들 또한 더 큰 자부심을 갖게 되었으며, 박애와 봉사활동의 본보기로서 모범적인 명성을 얻게 되었다.

기업의 기부 활동

    성장가도를 달리는 기업은 '비즈니스 확장'과 '악덕기업'을 동의 어로 간주하는 세상 사람들의 인식과 맞닥뜨리게 된다. 대기업은 초심과 열정을 잃어버리게 마련이라는 인식이 팽배하기 때문이다. 하워드 슐츠는 회사가 성장하는 동안에도 사회적 책임을 다하겠다 는 자세를 확고히 하기 위해 1997년 스타벅스 재단을 설립하였다. 이 재단은 기업 차원의 기부 활동과 어린이 및 그 가족들을 지원 하는 교육 프로그램에 중점을 둔다.

    스타벅스의 기부액이 엄청난 것은 사실이지만, 결국 그 기부금 을 통해 사람들의 삶이 얼마나 개선되었느냐는 또 다른 문제다. 지 역사회 활동의 일환인 점프스타트(JumpStart)는 10년간의 문맹퇴치

교육 이상의 의미가 있다. 점프스타트는 언젠가 미국의 모든 아이들이 학교교육을 받을 수 있도록 한다는 목표를 향해 성공적인 발걸음을 내딛고 있다. 2005년, 스타벅스 재단은 점프스타트에만 150만 달러를 기부하기로 서약했다. 이 돈은 향후 3년간 이 단체의 활동을 지원하기 위한 것이었다.

150만 달러라는 금액은 대부분의 기부액을 훌쩍 뛰어넘는 수준이다. 스타벅스 재단의 기부금은 대부분 1만~5만 달러 정도이며, 스타벅스 파트너들이 자원봉사 하는 단체들에 전액 기부된다. 파트너들이 어떤 단체와 함께 활동하고 그 단체가 지역사회에 좋은 영향을 미치는 것으로 판단되면, 그 단체는 스타벅스 재단에 후원금 신청을 할 수 있다.

'데프호프(DeafHope)'는 미국 내의 학대받는 청각장애인들을 돕는 지역단체로, 스타벅스 재단으로부터 많은 도움을 받고 파트너들의 자원봉사도 이루어지는 단체 중 하나다. 데프호프의 사무장인 줄리 렘스-스마리오는 이렇게 말한다. "스타벅스 파트너들은 우리에겐 천사입니다. 그들은 많은 시간과 재능을 우리에게 할애해주었어요. 덕분에 데프호프 회관이 리모델링을 마치고 멋지게 변신했지요. 게다가 전기배선 시스템도 훨씬 개선되어 기술적인 면에서나 접근성 면에서 만족스럽게 사용할 수 있게 되었어요."

데프호프가 스타벅스 재단으로부터 2만 5천 달러의 기부금을 확보한 것도 스타벅스 파트너들의 활동이 있었기 때문이다. 줄리는 스타벅스의 지원 덕택에 데프호프가 청각장애인들에게 무료로 봉사할 수 있는 능력을 갖추게 되었다고 단언한다. 데프호프는 능력 배양과 교육을 통해 청각장애여성 및 아동에게 행해지는 가정폭력과 성폭력을 뿌리 뽑겠다는 사명을 실현해가고 있다.

데프호프의 지원을 받는 이들의 삶에는 이 단체의 사명이 어떤 의미가 있을까? 줄리는 네 명의 자녀를 둔 어머니에게 들은 이야기를 그대로 전했다. "남편이 아이들에게까지 폭력을 행사하기 시작했어요. 그때 저는 미련 없이 그 사람을 떠났죠. 하지만 갈 곳이 없더군요. 쉼터에서는 우리를 받아주지 않았어요. 경찰도 저를 이해하지 못했고요. 제가 원한 건 아이들과 저의 안전뿐이었는데…. 결국 우리는 데프호프에서 희망을 찾았어요."

한편 아동을 대상으로 교육기회를 제공하는 단체인 '홀리 패밀리 데이 홈(Holy Family Day Home)'의 사무장, 도나 카일도 스타벅스의 기부금이 미친 영향을 간결하게 표현했다. 그녀의 단체가 스타벅스 재단으로부터 5만 달러의 기부를 받은 직후, 그녀는 감격스러운 감정을 한 줄로 요약해 적었다. "감사합니다…. 당신들은 진정 우리 사회에 커피 이상의 것을 전해주고 있습니다."

사실 지역사회에 봉사한다는 스타벅스의 이념은 〈포춘〉 지 선정 500대 기업들이 전통적으로 걸어가는 길과는 거리가 멀다. CSR부의 수석부사장인 샌드라 테일러가 이야기한다.

"스타벅스 협력업체인 타조 사, 머시 사와 함께 인도 다즐링의

차 재배농가가 있는 24개의 마을을 지원하는 프로젝트를 진행하고 있습니다. 그 지역의 식수와 위생을 개선하는 활동도 이 프로젝트에 포함됩니다. 이러한 노력을 통해 지금까지 지역주민들의 수인성 질병이 10퍼센트나 감소했습니다. 커피와 차를 파는 회사로서는 대단한 성과지요!"

샌드라는 다즐링 프로젝트의 일환으로 차 재배농가에 직업교육을 실시하고 있다고 덧붙인다. "차 재배농가에는 가업을 수행할 자녀가 단 한 명뿐이라는 게 문제입니다. 농장주인이든 노동자이든 아이들은 농장 일에 가담할 수 없는 경우가 많고, 심지어 노동력 자체가 없는 농가도 많아요. 우리는 지역의 젊은이들이 전기장비 수리 등의 기술을 습득할 수 있도록 돕고 있습니다. 한 번은 어떤 젊은이가 묻더군요. '커피회사가 왜 우리를 돕는 겁니까? 우리가 무얼 하든 무슨 상관인가요?' 저는 '우리가 안 될 이유는 없죠?'라는 질문이 더 낫지 않을까 생각했습니다. 그들은 스타벅스라는 공동체의 일부니까요.

한마디로 묻겠다. 당신의 '공동체'는 얼마나 큰가? 훌륭한 리더들은 비즈니스를 확장시키는 데 그치지 않고, 그 과정에서 공동체라는 개념까지 확장시킨다. 스타벅스 경영진에게 사회적 책임이란 아주 넓은 의미의 공동체적 사고방식을 반영한다. 싱가포르에서는 학생들의 직업 및 생활기술을 교육하는 장소로 제공되는 매장을 열어 뚜렷한 자취를 남기고 있다. 싱가포르에서 그러한 장소는 '길을 밝혀주는 카페(Pathlight Cafe)'라 불리는 이 매장이 최초다. 12~15세의 자폐청소년 여덟 명이 이곳에서 돈을 관리하고, 고객을 응대하고, 샌드위치를 만드는 기술을 배우고 있다. 이곳의 학교장 대리인 데니스 파우는 학생들의 발전을 위해 없어서는 안 될 존재라고 말할 만큼 스타벅스를 중요하게 여기고 있다. "이곳에서 배운 훌륭한 기술과 태도, 작업습관이 그들을 미래의 일꾼에 적합한 인재로 만들어 줄 것입니다."

스타벅스는 호프 월드와이드(HOPE worldwide, 세계의 불우아동들을 후원하는 봉사단체-옮긴이)와 손잡고 말레이시아 부근의 피낭에 무료 소아과 병원을 설립하기도 했다. 이 병원은 소아과 치료를 받을 경제적 여유가 없는 아이들에게 무료로 의료서비스를 제공하고 있다. 운영비용을 줄이기 위해, 스타벅스는 말레이시아 현지의 의료 자원봉사자들과 제휴를 맺고 치료는 물론이고 관리 및 유지보수, 약물조제 등의 도움을 받는다. 이곳의 파트너들은 병원을 위한 기금을 모으고 병원을 방문하는 가족들에게 보여줄 프레젠테이션을 준비하기도 했다. 그것으로도 충분한 기금이 모이지 않으면, 말레이시아 전역에서 책이나 옷가지들을 수거하여 무료병동의 아이들에게 기부하는 일도 마다하지 않는다.

실리주의자들은 왜 스타벅스가 자폐청소년을 위한 시설을 세우고 의료봉사 서비스를 감행하는지 물을 것이다. 두 경우 모두, 스타벅스의 고객이 될 리가 없는 사람들의 필요를 충족시키기 위한 헛

된 노력으로 비춰질 수 있다. 스타벅스의 경영진들은 이러한 의문에 옳은 일을 행하기 위함이라는 단순한 대답만으로 얼버무리지 않는다. 이러한 노력을 통해 스타벅스가 지역주민들과 정치인들, 지역사회의 리더들과 더욱 강한 유대를 맺을 수 있기 때문이다. 일련의 활동을 통해 스타벅스는 그저 수익성만을 따지는 다국적 기업이 아닌, 진실하고 마음이 따뜻한 지역의 일원으로 인정받게 되었다.

지역사회를 위한
자원봉사주의

    스타벅스의 경영진은 파트너들이 지역의 자원봉사 활동에 적극 참여하도록 격려한다. 이는 적은 비용으로 지역사회에 확실하고도 즉각적인 영향력을 미칠 수 있는 방법이다. 스타벅스는 '이웃에 봉사하라'는 프로그램을 비롯하여 다양한 자원봉사 활동을 장려한다. 앞에서 설명한 첫 번째 원칙에 해당하는 '5Be'에도 '함께합니다'라는 항목이 있었다. 이처럼 스타벅스는 직원들에게 자신이 살고 있는 지역에 봉사함으로써 개개인의 자취를 남기도록 권유하고 있다. 파트너들이 참여하는 단체에는 회사 차원에서 봉사시간 당 10달러부터 한 프로젝트 당 1천 달러까지 기부하기도 한다.

    홍보부에서 근무하는 스타벅스 파트너, 라라 와이즈는 스타벅스의 봉사활동 정책의 열렬한 지지자다. "저는 딸이 다니는 학교에서 책을 읽어 주는 봉사활동을 하고 있습니다. 그리고 제가 활동하는 시간만큼 회사가 학교에 재정적인 기부를 해주고 있고요. 봉사활동 수당 같은 건 없어요. 하지만 제가 사는 동네에서 자원봉사를 하고 싶은 마음이 물씬 들게 해주죠." 이러한 프로그램은 직원들이 '이 회사는 나의 관심사를 진정으로 배려하고 있구나' 하는 느낌을 받게 하고, 나아가 회사를 더욱 신뢰하게 되어 더욱 열심히 일에 몰입하게 하는 부가적인 효과를 불러온다.

스타벅스의 임원인 샌드라 테일러는 이렇게 역설한다. "CSR 활동을 하는 기업을 보면 사람들은 '돈이 아주 많은가봐. 게다가 지역사회를 위해 그 많은 돈을 쓸 준비도 된 모양이야' 라고 생각합니다. 저에게 지역사회를 위한 봉사활동을 어떻게 시작해야 하느냐고 묻는 사람들이 있습니다. 그럴 때면 저는 직원들을 봉사활동에 참여시키는 방법을 찾아보라고 말해줍니다. 직원들이 지역사회 내의 거리나 공원을 청소하기로 했다고 가정해 봅시다. 그들이 지역사회를 얼마나 생각하고 있는지를 여실히 보여주는 계기가 될 겁니다. 회사 차원에서 돈을 기부하는 것과는 또 다른 시각이 형성되지요. 좋은 일을 훌륭히 해내고 있다는 증거가 될 테니까요."

캐나다 밴쿠버의 그랜드뷰 초등학교는 스타벅스 파트너의 자원봉사를 통해 좋은 일이 생기는 경우를 직접 경험했다. 그랜드뷰 초등학교는 교내폭력과 학교 주변의 폭력문제로 1990년 중반에 휴교

직전의 위기를 겪어야 했다. 그 해 말, 스타벅스 파트너들이 학생들을 가르치기 시작했고, 한때 속수무책이었던 이 학교는 지금 국가적인 성공스토리의 주인공이 되었다. 2001년 해당 연령 수준의 읽기를 할 수 있었던 4학년 학생이 전체의 22퍼센트에 불과했던 데 반해, 2004년에는 그 네 배인 88퍼센트까지 증가하였다.

그랜드뷰의 문학교사인 웬디 포크스는 이렇게 말한다. "스타벅스 파트너들은 이 아이들의 인생에 값으로 매길 수 없는 가치를 안겨주었어요. 그들은 포기하지 않았고, 항상 배려했지요. 그러한 태도가 우리 아이들을 변하게 했어요. 좀 이상하게 들릴지도 모르지만, 저는 우리 아이들도 자원봉사자들을 변화시켰을 거라고 생각해요." 웬디는 어떤 자원봉사자의 경험을 예로 들면서 거꾸로 그들이 얻은 것을 설명해주었다. "에이드리안이라는 자원봉사자가 있었어요. 유럽 출신이라 억양이 약간 이상했지요. 처음에 이곳에 왔을 때는 자기가 우리 아이들과 읽기 공부를 하는 게 과연 효과적일지 모르겠다고 걱정하더군요. 하지만 시간이 지날수록 에이드리안도 자신감을 얻는 듯 보였어요. 아이들과 아주 잘 어울렸거든요. 에이드리안은 물론이고, 모든 자원봉사자들이 아이들의 미래에 자기가 긍정적으로 기여한다는 점을 새삼 깨달았을 거예요."

자원봉사를 하겠다고 나서는 사람은 많지만, 스타벅스 파트너들처럼 책임감 있게 실천하는 사람은 드물다는 것이 웬디의 견해다. "그들에게는 믿음이 가요. 자원봉사가 그들 문화의 일부분이니까요. 어쩌면 그들의 정체성일 수도 있고요. 그들이 와주길 기대할 때면, 반드시 올 거라고 믿어도 좋아요. 정말 놀라운 관계죠?"

이러한 자원봉사 활동은 회사가 지역사회에 관심을 가진다는 사실을 보여주기도 하지만, 직원들이 회사 내외의 사람들을 더욱 잘 알게 되는 기회가 되기도 한다. 다음은 밴쿠버의 지역매니저이자 그랜드뷰 프로그램의 자원봉사자이기도 한 폴 보드먼의 설명이다. "직장인이라면 누구나 바쁘다는 건 잘 알지만, 이러한 봉사활동도 무척 중요합니다. 저뿐만 아니라 제가 맡은 지역 매장의 파트너들도 봉사활동을 무척 좋게 생각한다는 걸 알았어요. 때때로 우리 사람들에게 하고 싶은 걸 할 기회를 줄 필요가 있어요."

그랜드뷰 프로그램에 자원한 파트너들은 아이들을 가르치는 일 외에도 그랜드뷰가 스타벅스 재단에 후원신청을 하는 데 일조하기도 했다. 이 학교는 1999년에 첫 번째 수혜대상이 되었고, 2004년에는 두 번째로 후원을 받았다. 당시 그랜드뷰의 교장이었던 캐롤라인 크라우스도 고마운 마음을 숨기지 않았다. "솔직히 털어놓죠. 스타벅스와 다른 사람들의 도움이 없었다면, 우리 학교는 읽기 교실을 진행할 수 없었을 거예요. 사실 상황이 꽤 비참했거든요. 필요한 책을 살 돈조차 없었어요."

밴쿠버의 폴이나 에이드리안과 같은 자원봉사자들은 새로운 기술을 배우고 지역사회에 기여하는 동시에, 만족감을 느끼며 즐겁게 활동하고 있다. 회사가 얻는 이득으로는 팀의 정체성을 강화하고 리더십을 향상시킨다는 점을 들 수 있다.

스타벅스 점장인 재닌 시몬스는 시애틀 프로그램을 진행하는 동안 팀의 화합이 어떻게 이루어졌는지에 대한 사례를 제공해주었다. "시애틀 내의 여러 매장에서 모인 파트너들이 '지구의 날' 프로젝트의 일환으로 작은 공원을 만들었습니다. 시멘트를 붓고, 큰 정자를 세우는 등 여러 가지 프로젝트를 함께 시행했지요. 저마다 다른 환경에서 일하던 이들이 함께 모인 그날, 우리는 진정한 팀이자 공동체를 이루어냈어요. 바리스타, 슈퍼바이저, 점장, 지역매니저, 지역부사장까지도 모두 한자리에 모였어요." 관리자급이 솔선수범하여 자원봉사 활동에 참여하는 모습을 보여준 덕분에, 파트너들은 스타벅스 문화에서 '이웃에 봉사'하는 활동이 얼마나 위대한 가치를 지니는지를 이해할 수 있었다.

어떠한 조직이든 자원봉사 활동이 우연한 기회에 발생하는 경우는 드물다. 이러한 활동은 보통 어떤 계기가 필요하며, 어떠한 지원이 뒷받침되어야 하는지 결정할 책임자가 있어야 한다. 스타벅스 경영진은 파트너들이 적극적으로 지역주민들에게 다가갈 길을 찾는 데 도움이 될 시스템을 마련해두었다. 스타벅스의 임원인 샌드라 테일러의 설명을 들어보자. "우리는 기회를 찾아내는 파트너를 '지역사회 리더'라고 부릅니다. 매장이 있는 곳에는 반드시 지역사회를 대표하여 힘쓰는 점장이 존재합니다. 그들은 매장 차원에서 헌신할 만한 지역사회 프로그램을 모색합니다."

스타벅스의 지역매니저인 레니 프리트는 연례행사가 된 지역사회 활동의 예를 들었다. "매년 크리스마스 시즌이 되면, 우체국으로 가서 산타클로스에게 보내는 편지를 받아 옵니다. 편지를 일일이 읽어 보고 가장 해볼 만한 일이 적힌 편지 하나를 선택합니다. '우리 아빠는 직업이 없어서 우리집에는 크리스마스도 없어요'라는 내용의 편지가 기억나네요. 아무튼 우리는 선택한 편지에 담긴 소원을 들어줍니다. 크리스마스 이브가 다가올 무렵에 몇 명씩 조를 짜서 선물을 전하러 돌아다닙니다. 편지의 주인공이 갖고 싶어 하는 자전거나 침대 같은 걸 나눠주는 겁니다."

레니는 이러한 자원봉사 활동이 그 지역과의 연결고리를 만들어준다고도 말한다. "정말 좋은 건, 이러한 활동들이 스타벅스뿐만 아니라 지역 내의 다른 회사로까지 뻗어간다는 거예요. 자사 제품을 왕창 기부하는 회사도 있고, 우리와 제휴를 맺어 지역사회에 기여하는 이들도 있습니다. 선물을 받은 이들의 눈동자를 들여다보는 기분이란! 그래요, 스타벅스도 기업입니다. 하지만 스타벅스 사람들은 일을 하는 것보다 더 의미 있는 무언가를 원합니다. 사람들에게 특별한 것을 전해주고 싶어요. 우리는 자신을 던져 다른 이들을 돕길 원하고, 실제로 그렇게 하고 있습니다."

자원봉사 활동은 또한 직원들이 열정적인 목표를 세우고, 그 목표를 실현하기 위한 기술을 닦는 데도 도움이 된다. 자원봉사 활동을 시작하는 데 필요한 요소는 경영자들이 비즈니스를 운영할 때 필요한 것들과 비슷한 경우가 많다. 팀의 목표를 정하고, 전략적으로 생각하고, 진행과정을 계획하고, 정확한 방향으로 나아가는 능력 등이 그것이다. 이러한 능력들이 자원봉사 활동을 계획하는 과정에서 발전되고 향상되며, 결국은 우리가 일하는 공간에 직·간접적으로 좋은 영향을 미칠 수 있다.

지역 매니저인 카렌 마호니는 '해비타트(Habitat for Humanity: 무주택 가정의 서민들에게 집을 지어주는 운동을 하는 비영리단체-옮긴이)'와 함께한 봉사활동에서 그녀의 팀이 이러한 유형의 리더십을 향상시키는 모습을 목격했다. "파트너들이 모금활동 계획을 세우고, 열심히 노력해서 그 목표를 넘어서는 모습을 보는 게 좋았어요. 다들 어찌나 열정적인지, 지켜보는 내내 정말 흐뭇했답니다. 집 짓는 단계에 접어들면, 일주일 단위로 팀을 이루어 자원봉사 활동을 나가려고 해요. 작업이 진행되는 동안은 매주 토요일 오전에 현장의 모든 사람에게 커피를 제공할 계획이에요. 모든 아이디어가 우리 파트너들 머리에서 나온 거예요. 집이 필요한 가족들에게 집이 생기는 일이에요. 우리 파트너들은 그 꿈이 곧 실현될 것이라는 생각에 무척 신이 나 있어요."

미래의 리더십

스타벅스 리더십은 이미 전 세계의 지역사회에 그들의 자취를 확실히 남겨놓았다. 그렇지만 스타벅스는 아직도 이러한 활동을 멈출 생각이 없다. 달라진 점이 있다면, 회사의 경영진이 오직 이 시점에서만 가능한 기회를 포착하기 시작했다는 것이다. 그들은 스타벅스가 지역사회 의 수준을 넘어서는 범위를 변화시킬 수 있다는 사실을 깨달았고, 지금까지 CSR 활동을 통해 배운 교훈을 세상과 공유하는 역할을 할 때라고 생각하기에 이르렀다.

다음은 샌드라 테일러의 설명이다. "스타벅스가 설립된 이래로, 우리는 언제나 옳은 일을 행하는 것에 전념해왔습니다. 우리의 가치와 원칙에 따라 비즈니스를 이끌어가는 게 우리 파트너와 공급자들에게도 이롭다고 생각하며 지금까지 달려왔지만, 최근에 들어서야 비로소 다른 업계의 경영진에게 우리가 역할모델이 될 수 있을지를 고민하기 시작했습니다. 물론 우리는 '우리를 따르라!', '우리가 최고다!'라고 외칠 만큼 건방지진 않아요. 하지만 스타벅스는 분명 정당한 방법으로 비즈니스를 이끌었고, 성공을 이루어냈습니다. 우리는 다른 기업이 본받을 만한 통찰력을 제공할 수 있다고 생각해요."

CSR 영역에서 활약한 경영진으로서 샌드라는 이렇게 덧붙인다. "의료혜택을 예로 들면 우리는 파트너들에게 의료혜택을 제공하는 것이 어떻게 가능한지, 그것이 다른 기업들에게 좋은 모범이 될 수 있는 이유는 무엇인지를 이야기하고 있습니다. 또한 커피 원두 구매원칙을 다른 커피기업에게 제공할 의향도 있어요. 커피농장과의 지속적인 관계를 맺는 데 도움이 될 거예요. 이러한 구매원칙이 코코아, 일상적 식품, 종이펄프 등 다른 농작물의 구입에도 적용이 가능한지 알아보고 있습니다. 지속적인 농작물 재배를 가능하게 하는 보편적인 방법으로 발전할 수도 있는 것이고요. 이 모든 과정은 우리 파트너들이 품질 좋은 커피를 제공하고 기분 좋은 경험을 창조할 수 있도록 하는 데서 그치지 않고, 그들이 세상을 변화시킬 긍정적인 힘을 가질 수 있게 실질적인 도움을 줍니다. 감히 말하건대, 그들은 세상에 엄청난 변화를 안겨줄 기회를 잡을 수 있을 거예요."

🔆 성공적 비즈니스를 위한 경험 만들기

- 당신과 당신의 비즈니스를 위해 가장 크고 가장 강력한 자취를 남길 수 있는 방법을 찾아봅시다. 어떤 것이 있을까요?
- 자원봉사, 기금마련, 기부, 또는 이 모든 것을 포함하는 활동들이 당신 회사의 사회적 책임감을 보여줍니까?
- 이러한 노력들(자원봉사를 위한 자원 제공, 당신의 회사가 원조하지 않고는 진행이 불가능한 프로젝트의 완성, 또는 다른 방법들)이 지역사회에 어떠한 영향을 미친다고 생각합니까?
- CSR 활동은 당신의 비즈니스에 어떤 식으로 도움이 될까요?
- 지역사회에 참여함으로써 직원의 업무 몰입도를 향상시키는 방법은 무엇입니까?
- 당신은 무엇을 기다리고 있습니까?

스타벅스 파트너들은 대규모의 변화를 이끌어냈다. 2005년 엄청난 쓰나미가 남부 아시아를 강타한 직후 그들이 보여준 행동을 보아도 알 수 있다. 태국 푸켓의 스타벅스 파트너들은 자기 주머니를 털어 수천 바트(현지 화폐 기준)를 기부하여 지역주민들이 음식물과 식수, 피해자들을 덮어줄 천을 구입하는 데 보탰다. 이들의 노력에 지지를 보낸 태국의 스타벅스 경영진은 태국 내 매장 전체에 매장수익의 전액을 쓰나미 구제활동에 기부하는 '나눔의 날'을 선포했다. 전 세계적으로도, 스타벅스는 쓰나미 구제활동에 상당한 기부금을 보탰고, 고객들에게도 이에 동참할 수 있는 기회를 제공하였다.

스타벅스는 사회적 책임 활동에 집중함으로써 파트너들에게 전 세계적으로 확실한 영향력을 발휘할 기회를 제공했다. 직원들에게 생각하고 행동할 수 있는 길을 제시해주어 지역사회에 중요한 활동에 참여할 수 있게 하였고, 스스로 세상을 변화시킬 수 있는 힘을 지녔다는 사실을 깨달을 수 있도록 도와주었다. 이 모든 일이 실세로 일어났다는 사실을 명심하며 마하트마 간디의 격언을 다시금 되새겨 보자. 즉, 우리는 "우리가 세상에서 보길 원하는 변화"를 이루어낼 수 있다.

음미해 볼 스타벅스 경험

- 성공한 기업의 경영진은 지역사회에 강력하고 긍정적인 자취를 남기는 것이 성공의 핵심임을 잘 알고 있다.

- 많은 기업 리더들이 초기에 비즈니스를 성장시키고 싶은 마음에 좋은 기업이 되기로 결심한다. 하지만 이러한 지역사회 활동을 지속하는 기업은 대부분 그것이 비즈니스를 운영하는 옳은 방법이자 유일한 방법임을 알기 때문에 그렇게 한다.

- 사람들은 사회문제에 관심을 두는 기업과 거래하고, 그런 기업에서 일하고, 그런 기업에 투자하고 싶어 한다.

- 비즈니스 모델의 핵심요소가 지역사회 참여인 기업의 직원들은 그렇지 않은 기업의 직원에 비해 도덕성이 세 배나 높은 것으로 나타난다.

- 지역사회 활동에 참여함으로써, 직원들은 팀으로서 성장하고 리더십을 키울 수 있다.

- 브랜드의 가치는 말한 것을 그대로 행하는 기업에 대한 신뢰와 100퍼센트 연결되어 있다.

- CSR 활동은 금세 사라져버릴 일시적인 유행이 아니다. 세계적인 기업이라면 당연히 CSR에 가치를 두고 실천해야 한다.

- 우리는 모두가 세상에서 보길 원하는 변화를 이룰 수 있다!

축하합니다!
당신만의 특별한 경험이
기다리고 있습니다.

당신이 이 책을 읽게 된 것은 결코 우연이 아니다. 어떤 계기로
든 당신은 '스타벅스 같은 회사로부터 무엇을 배울 수 있을까?'라고
자문했을 것이다. 당신은 이런 회사들이 성공할 수 있었던 원리를
알아보기 위해 탐험했다. 스타벅스는 기업가정신이 투철한 문화를
고수하며 고객의 충성도를 지속적으로 유지·발전시켰다. 또한 스타
벅스를 믿고 투자한 주주들에게도 충분한 보상을 제공하며 세계를
변화시킬 기회도 마련해가고 있다.

당신은 아마도 이 책에서 아이디어를 찾아내어 각자의 비즈니
스나 삶에 어떻게 적용할지를 궁리하고 있을 것이다. 다른 조직의
리더들이 고수한 원칙을 당신의 조직에 끌어들여 직원들이 진정으
로 당신의 비즈니스를 "자신의 것으로 만들게" 할 방법을 찾고 있
는지도 모른다. 당신은 비즈니스에 가장 중요한 것들을 단순히 행

하는 데 그치지 않고 존재하는 것이 어떤 모습인지를 당신의 사람들에게 심어주고 싶을 수도 있다.

스타벅스의 경영진에게, '환영, 감동, 지식, 배려, 함께'라는 5Be의 체계는 파트너와 공급자, 고객, 지역사회, 그리고 회사와 접촉하는 모든 이들에게 '스타벅스 경험'을 만들어주는 데 핵심적인 역할을 한다.

물론 이 다섯 가지 행동수칙은 스타벅스에 아주 중요하다. 그리고 당신에게도 꼭 필요한 것이다. 물론 5Be를 당신의 비즈니스와 업계에 알맞게 재단하는 과정은 필요하다. 예컨대, 당신이 병원을 운영한다면 '온정'을, 첨단기술산업의 회사라면 '혁신'을 강조하고 싶을 것이다.

어떠한 경우라도 회사의 원칙은 유연한 구조여야 한다. 직원들 개개인의 특성과 재능, 열정을 최상으로 이끌어내는 과정에서 회사가 신봉하는 가치들이 융화될 수 있어야 한다. 스타벅스의 리더들이 파트너에게 '환영합니다'의 의미는 '모든 이에게 소속감을 느끼도록 하는 것'이라고 이해시키듯이, 당신이 지향하는 '행동수칙'이 어떤 모습인지를 직원들이 쉽게 이해할 수 있도록 정의내릴 수 있어야 한다.

하워드 슐츠는 '5Be'에 입각한 생활이 무엇을 의미하는지를 설명하기 위해 자신의 경험을 예로 들었다. 〈콘텍스트〉 지와의 인터뷰에서, 그는 일본 동경의 한 초밥집에서 겪었던 놀랍고도 기뻤던 경험을 이야기했다. 식사 후 하워드는 70년이 된 이 식당 주인의 솜씨와 식당의 좋은 분위기를 칭찬하고 감사를 표하기 위해 주인을 찾았다고 한다. 그러나 그는 주인을 만날 수 없었다. "글쎄, 그 양반이 차가운 밤거리에서 내 차 문을 열고 기다리고 있었어요 대부분 식당은 인스턴트커피를 내놓은 것을 마지막으로 서비스를 끝내버리잖아요? 그런데 거기는 달랐습니다. 그 주인은 식당을 찾아주어 감사하다는 인사와 함께 나를 차까지 배웅하는 것으로 서비스를 마감했어요."

그 바로 다음날은 일본의 TV 프로그램에 출연했는데, 인터뷰하는 내내 그는 스타벅스에 대한 말보다는 그 식당의 이름과 그곳에서의 경험을 이야기하느라 여념이 없었다. 하워드에게는 고객으로서 경험했던 감정적인 유대감이야말로 스타벅스 파트너들이 일상에서 실천해주길 바라는 모습 그 자체이다. 하워드는 오히려 반문한다. "우리가 모든 사람들에게 그렇게 하는가? 그건 아닙니다. 하지만 그러려고 노력합니다. 우리는 고객의 일상을 풍요롭게 하고, 스타벅스 매장에 있는 동안은 항상 기분이 좋을 수 있도록 노력합니다. 저에게는 바로 그것이 우리 비즈니스의 본질입니다."

당신도 마찬가지로 당신의 경험과 지속적인 대화, 내부 의사소통, 고객의 피드백, 직원교육 등을 통해 얻게 된 여러 가지 교훈을 가지고 당신 비즈니스의 핵심적인 아이디어를 지원하고 활성화하고 싶을 것이다.

비즈니스의 속도가 무척 빨라 간과하기 쉬운 세부사항들에 집중함으로써 스타벅스의 아이디어를 당신의 비즈니스에 녹아들게 할 수도 있다. 지름길을 택하거나 기준 이하의 노력을 들이기보다는 "모든 것이 중요하다"는 원칙을 당신의 팀과 일터에 적용해보도록 하자.

당신의 비즈니스가 최상의 상태로 운영된다면 무엇을 하겠다는 비전에서부터 출발하라. 당신과 당신의 팀은 지속적으로 적절한 성과를 내는 데 방해가 되는 장벽에 부딪히게 될 것이다. 평범함과 비범함을 가르는 요소가 바로 이러한 것들이다. 고객만족, 제품의 질, 교육, 당신 조직의 사회적 참여 등의 문제로 떠오를지도 모른다.

고객과 지역사회, 직원들의 피드백과 반대 의견까지 모두 포용함으로써, 당신은 간신히 먹고사는 정도의 기업주와 이례적인 성공신화의 주인공을 가르는 사소한 차이점을 발견할 기회를 얻을 수 있다. 결국에는 당신과 당신의 비즈니스가 반대와 비판을 어떻게 다룰지 검토할 필요가 있을 것이다. 스타벅스의 경영진처럼 단순히 불만에 대응하는 정도를 넘어서서 그들의 비언어적 신호를 관찰하고 불만이 터져 나오기 전에 조치를 취하는 것도 한 방법이다. 반대의 목소리를 높였던 이들을 문제해결을 위한 논의에 참여시키거나 잠재적인 문제점을 찾아내는 구조를 만들어내는 방법도 있다.

스타벅스는 기업이 어떻게 교육기관이 될 수 있는지를 보여주는 최상의 모델이다. 스타벅스의 리더들은 긍정적인 피드백과 부정적인 피드백을 모두 수용하는 것의 중요성을 이해하고 있으며, 종합적인 교육 및 적용을 위해 그러한 피드백을 공유하는 것이 좋다는 사실을 잘 안다.

당신은 당신의 비즈니스도 '놀래고 기쁘게 하는' 단계로 바로 도약할 수 있으면 좋겠다고 생각할 것이다. 내부고객과 외부고객에게 일관적이고 예측 가능하며 편안한 경험을 제공할 방법을 당장이라도 찾고 싶을지도 모른다. 그렇다면 제품이나 서비스의 일관성이 무너졌는지를 살펴보고, 사람들이 당신과 당신의 회사에 대해 '체감'한 것이 무엇인지를 알려달라고 부탁해보라. 서로를 기분 좋게 놀라게 하거나 서빙을 할 때 '깜짝선물'을 보내는 방법 등을 팀원들과 함께 논의하는 것도 한 가지 방법이다.

마지막으로, 당신의 비즈니스를 좀 더 넓은 의미의 사회적 참여를 하는 챔피언으로 만들어 보면 어떨까? 이는 비즈니스 성장의 기회가 될 뿐만 아니라, 그 과정에서 지역사회와 개인적 유산을 성장시키는 기회가 되기도 한다. 당신의 비즈니스 영역을 넘어서는 곳에서 다른 이들에게 봉사하는 동안, 당신은 팀을 구축하는 방법을 발견하게 될 것이다.

자, 어디에서부터 시작하겠는가? 가장 뜨겁게 열정을 불태울 수 있고, 즉각적인 효과를 볼 수 있는 영역에서부터 시작하는 것이 최선의 선택이다. 이 책과 함께하는 당신의 여정은 '언제'보다 '어디서' 시작할 것인가가 중요하다. '언제'의 선택은 따로 없다. 바로 지금 행동하라.

이 커피 회사에 관한 아이디어가 뜨거울 때 실천하라

우리는 종종 다른 이들의 아이디어나 성공사례에서 영감을 얻지만, 그런 성공사례를 자신의 비즈니스에 접목시키는 데는 실패하고 만다. 이에, 나는 이 책에 담긴 내용을 당신의 비즈니스에 접목하여 그 잠재성을 일깨울 수 있도록 다음과 같은 계획을 제안하고자 한다.

스타벅스의 성공원칙을 당신의 비즈니스에 성공적으로 적용할 수 있도록 우선 자가점검을 실시하자. 다음의 질문들에 대해 생각해보자.

- 나는 지속적으로 환영의 분위기를 조성하기 위해 무엇을 할 수 있는가?
- 간과하기 쉬운 세부사항들은 무엇인가?
- 나의 직장에서 놀랍고도 기쁜 경험을 제공할 수 있는 분야는 무엇인가?
- 어떤 상황에서 반대를 포용해야 하며, 그 상황에서 달아나야 할 때는 언제인가?
- 나의 직장과 가정, 지역사회를 위해 나는 어떻게 봉사할 것인가?

당신과 같은 생각을 가진 사람들이나 팀원들과 스타벅스 문화가 고수하는 원칙들에 관하여 토론해보라.

가능하다면, 팀원들 모두에게 이러한 원칙들과 관련한 당신 비즈니스의 성과물들을 찾아내도록 독려하라. 예를 들어, 기업평가 및 전략 기획회의에서 다음과 같은 질문을 던져보라.

- 비판을 수용하거나, 세부사항을 실행하거나, 고객을 기쁘게 하는 데 있어서 당신의 팀이 가진 강점은 무엇인가?
- 회사의 사명과 수익성을 조화롭게 양립하게 하는 데 방해가 되는 요인은 무엇인가?
- 비즈니스 전반에 걸쳐 제품과 서비스의 혁신적인 개선을 도모하기 위해 당신은 어떠한 도움을 줄 수 있는가?

이러한 평가 및 계획 훈련을 통해 위대한 성과가 나타나는 법이다! 인류학자인 마가렛 미드가 강하게 주장했던 내용을 기억하자. "사려 깊고 헌신적인 작은 시민단체가 세상을 바꿀 수 있다는 사실을 의심하지 말라. 실제로 지금껏 그래왔다."

우수함과 완벽함

사실 나는 세상을 변화시킨다는 식의 주장으로 마치 스타벅스가 완벽한 기업인 것처럼 비칠까 걱정이다. 이러한 원칙들을 실행에 옮길 때, 그러한 믿음에 배신당했다고 느끼기 쉽다. 달성할 수 없는 목표를 향해 달려가고 싶은 사람이 어디 있겠는가? 사실 스타벅스의 리더들도 실수를 저질렀던 경험이 있고, 매장의 파트너들은 인간적인 약점에서 자유롭지 못하다.

스타벅스로부터 얻을 수 있는 교훈을 찾아가는 과정에서, 나는 파트너 사이의 갈등, 결국엔 지긋지긋함을 호소하는 바리스타, 좋지 않은 서비스가 이루어지는 순간, 심지어 매장 내 파트너 사이의 로맨스가 깨지는 경우까지 여러 가지 슬픈 이야기도 많이 접했다. 그러나 전반적으로 나의 스타벅스 경험은 매우 긍정적이고 기분 좋은 것이었다. 한 번은 주문을 하고 음료가 나오기를 기다리는 동안 한 바리스타가 나에게 다가와 말을 건넸다. "음료가 늦어져서 대단히 죄송합니다만, 지금 우리의 바리스타가 애정을 갖고 고객님의 음료를 정성스럽게 준비하고 있습니다." 그 말은 기다림의 지루함을 말끔히 씻어주었고, 나는 기분이 좋아졌다.

물론 바리스타가 그날의 업무를 제대로 수행하지 못한 게 분명한 매장을 방문한 적도 있다. 그러나 모두 종합해보면, 스타벅스는 진정 모범적인 기업이다. 내가 들어가는 글에서 언급했던 것처럼, 문화를 변화시키는 이 시대의 성공스토리로 손색이 없는 기업이다.

스타벅스의 우수성은 비전 있는 경영과 열정적인 기업가정신, 사회적 의식, 비즈니스 곳곳에 스며들어 있는 원칙이 통합된 결과다.

스타벅스의 미래와 당신의 경험

스타벅스에 다가올, 아직 실현되지 않은 위대한 일들 모두를 상상하기란 어려운 일이다. 하워드 슐츠는 스타벅스가 언제나 "성장의 초기 단계", "9회 게임의 2회", "두꺼운 책의 첫 장"에 있어야 한다고 말했다. 현재 스타벅스는 중국시장을 공격적으로 공략하기 위한 계획, 고객의 MP3 플레이어에 음악을 다운로드해주는 매장 내 서비스, 야후와 공동으로 진행하는 에스프레소 데이트, 영화 및 책 배급사업 등을 발표했다. 미래가 무엇을 담고 있든지 스타벅스가 이 책에 소개한 원칙들을 토대로 훌륭하게 정착해내리라는 데는 누구도 이의를 제기할 수 없을 것이다.

당신과 당신 비즈니스의 미래에는 무엇이 담겨 있는가? 스타벅스의 성공을 이끈 다섯 가지 원칙은 당신을 어느 곳으로 이끌 것인가? 틀림없이 누구도 상상하지 못한 놀라운 세상으로의 여행이 될 것이다.

01

단 하나의 문장으로 스타벅스 경험을 정의해보고, 왜 '경험'이 그렇게 큰 성공을 이끌어 냈는지 논의해 보세요. 그 후 당신 회사의 '경험'을 단 하나의 문장으로 정의하고, 현재 수준의 성공을 이끌어낸 방법들을 논의해 보세요.

02

당신의 비즈니스에 스타벅스 비즈니스의 핵심원칙 다섯 가지를 적용해 보세요. 다섯 가지 원칙 중 당신의 비즈니스를 가장 명백하게 구체화하는 것은 무엇이고, 현재 가장 필요한 것은 무엇인가요? 예를 들어, 당신의 비즈니스는 고객에게 기쁨을 주는 것에는 무관심하면서 모든 것이 중요하다는 항목에만 관심을 기울이나요? 다섯 가지 원칙에는 해당되지 않지만 당신의 회사가 실천하기 위해 노력하는 원칙이 있나요?

03

스타벅스는 다음과 같은 질문에서 시작되었습니다. "만약 품질 좋은 원두커피가 유럽풍 커피하우스의 매력과 로맨스에 녹아든다면 어떨까?" 신제품과 새로운 서비스를 이끌어 낼 수 있는 '만약'이라는 의문을 가지는 자세를 가져 보세요.

04

스타벅스의 성공 중 상당 부분은 카운터 뒤에서 일하는 파트너가 느끼는 기업의 철학에서 기인한 것입니다. 이 파트너는 고객과 직접 대면하여 유대를 쌓고

재방문을 이끌어내므로 회사의 리더들보다도 중요한 위치에 있다고 볼 수 있습니다. 직원들이 스스로 이러한 참여를 실천하여 회사의 성공으로 이어지게 하는 방법은 무엇인가요? 당신의 회사가 이러한 결과를 달성하는데 사용한 전략에는 어떠한 것이 있나요? 어떤 것이 효과가 있었고, 어떤 것이 실패하였나요? 위의 경우와 비슷한 참여를 만들어내기 위하여 당신의 회사는 스타벅스의 전략 중 어떠한 것을 실행할 수 있을까요?

05

긍정적이고 즐거운 기업문화를 구축하기 위한 스타벅스의 노력에 대해 어떻게 생각하나요? 당신의 기업문화에 대해서는 어떻게 생각하나요?

06

첫 번째 원칙을 다루는 장에는, 스타벅스의 경영자 하워드 슐츠의 이 말을 인용한 부분이 있습니다. "우리는 사람에게 서빙하는 커피 비즈니스가 아니라 커피를 서빙하는 사람 비즈니스에 종사하고 있다. 스타벅스 브랜드의 가치는 지역사회와의 친밀한 관계와 인간애다. (…) 스타벅스에서는 커피 못지않게 환경도 중요하다." 당신의 비즈니스가 진정으로 판매하는 것의 이득을 생각해 보세요. 또 당신의 브랜드가 지닌 진정한 가치를 따져 보세요. 스타벅스 경영진이 회사의 사명과 브랜드를 이용했던 사례들이 담긴 이 책이 당신 회사의 중대한 의사결정에 도움이 되나요?

07

스타벅스 파트너들에게는 주당 450그램 가량의 커피원두가 제공되어, 고객이 이용하는 것과 똑같이 사용할 수 있는 기회가 주어집니다. 당신 회사의 직원은 고객과 동등한 입장에서 제품을 사용하나요? 그렇지 않다면, 이용할 수 있는 방법을 생각해 보세요.

08

스타벅스의 비즈니스 모델은 광고보다 종업원 교육에 더 많은 비용을 지출한다는 점을 기억하세요. 그 결과 직원들의 근속비율이 매우 높고, 그에 따라 파트너와 고객 간의 관계유지에도 커다란 도움이 됩니다. 당신의 회사는 교육과 광고에 얼마의 비용을 지출하나요? 이 비율은 당신의 회사에 도움이 됩니까? 더 큰 성공을 위해 스타벅스의 본보기를 적용할 수 있을까요?

09

스타벅스의 '5Be'는 회사의 서비스 철학을 위한 초석이 됩니다. 그러나 회사가 단순히 파트너에게 행동수칙을 제시하는 것이 아니라, <그린 에이프런 북>을 제공하는 점에 유의하세요. 당신의 회사는 어떤 방법으로 회사의 철학을 전파하고 있나요? 좀더 효율적인 방법은 무엇이 있을까요?

10

세부사항에 주의를 기울이는 것이 스타벅스를 비롯한 많은 회사들이 성공한 중요한 요소입니다. 당신의 회사는 아무리 작은 것이라도 세심하게 처리하고 있나요? 당신의 회사는 어떤 면에서 다른 회사의 역할모델이 되나요? 혹은 개선해야 할 세부사항이 존재하나요?

11

"모든 회사의 브랜드는 거기에 속한 사람들 개개인이 취하는 행동의 총합 그이상도 이하도 아니다." 두 번째 원칙을 설명한 장에서 인용한 이 문장을 통해 당신의 비즈니스를 살펴보세요. 그렇다면 당신의 브랜드 정체성은 무엇이며, 어떠한 노력이 그 정체성을 강하게 만드나요? 향후 어떠한 행동이 이루어져야 브랜드의 정체성이 긍정적인 발전을 지속할 수 있을까요?

12

두 번째 원칙을 설명한 장에는 스타벅스의 성장에 방해가 된다 해도 품질과는 절대 타협하지 않으려는 의지에 관한 내용이 있습니다. 초기에는 광범위한 지역에 신선한 제품을 공급하는 포장기술이 존재하지 않았습니다. 고급 제품에 동일한 노력을 기울인 결과, 엄청난 성공을 이끌어 냈습니다. 당신의 회사가 고려하고 있는 손쉬운 타협안이 있나요? 그들은 회사의 수익에 어떠한 영향을 미치나요? 브랜드에 자체에는 어떠한 영향을 미치나요? 장기적인 위험과 보상은 무엇인가요? 높은 품질의 제품과 더 위대한 브랜드 평판을 지키기 위하여 포기해야할 것은 무엇인가요?

13

거의 모든 회사들이 서비스 품질에 대한 자부심을 드러내지만, 스타벅스는 "놀래고 기쁘게 하라"는 원칙을 고수하여 한발 앞서갔습니다. 단지 고객의 요구에 부응하는데 만족하지 않고, 강한 브랜드 충성도를 창조할 수 있는 독특하고 긍정적인 경험을 제공할 만한 제품이나 서비스가 당신의 회사에도 존재하나요?

14

최근에 당신이 받은 부정적인 피드백을 돌이켜보세요. 누가 피드백을 제공해주었나요? 고객인가요, 아니면 동료인가요? 당신은 어떻게 반응했나요? 당신은 문제를 지적하는 데 시간을 할애해준 사람에게 감사했나요, 아니면 불만의 정당성을 부정하고 문제를 미해결로 남겨두었나요? 다르게 대처할 수는 없었을까요? 당신의 회사는 불만을 환영하고 대응하나요? 당신의 회사는 스타벅스 문화의 원칙 중 하나인 "반대를 포용하라"를 지키고 있나요?

15

당신의 회사는 진출한 시장에 얼마나 잘 적응하나요? 사례를 들어 대답하세요. 이 문제에 접근하고 긍정적인 해결책을 찾는 데 유연성을 보이나요? 네 번째 원칙을 설명한 장에서 "때로는, 적절한 타협안을 만드는 것 자체가 위대한 리더십이 되기도 한다고 원칙을 설명한다"고 했습니다. 이러한 주장에 대해 당신은 어떻게 생각하나요? 이는 당신 회사의 경영진에게 어떻게 적용될 수 있을까요?

16

환경에 대한 책임이 회사의 가치가 되어야 한다는 스타벅스의 믿음에 대해서 어떻게 생각하나요? 스타벅스는 왜 '3대 기초 부문'에 대한 성과를 측정하는 것일까요?

17

최근 잇따라 터지는 기업 스캔들로 비즈니스계의 사회적 책임감이 부족하다는 여론이 팽배합니다. 기업의 사회적 책임(CSR)에 관한 당신의 생각을 논의해 보세요. 이 책이 제시한 대로, CSR은 "깨끗하다는 평판을 쌓아 직원, 투자자, 공급자와 지역사회의 신뢰를 얻는 것"을 의미합니다. 당신의 회사가 이 각각의 개별 그룹들에 어느 정도 수준의 신뢰를 얻고 있는지 자문해보세요. 신뢰를 강화할 수 있는 방법은 무엇인가요?

18

이 책에 있는 원칙과 전략들 중에서 당신의 비즈니스에 가장 쉽게 적용할 수 있는 것은 무엇인가요? 이를 즉시 수행하기 위해서 당신이 도입할 수 있는 단계는 무엇인가요? 이를 시행하는 것에 대해 당신의 동료는 어떻게 느낄 것 같은가요? 이러한 방식으로 해결할 수 있는 현재의 문제는 무엇인가요?

19

스타벅스에서 효과적으로 작용했던 전략들 중에서 당신의 회사와는 맞지 않는 것은 무엇인가요? 그렇게 생각한 이유를 설명해 보세요.

20

책에서 가장 교육적이었거나 기억에 남는 사례를 고르고, 회사에 대한 당신의 느낌을 설명하거나 전반적인 비즈니스 운영방법을 설명하는 데 사용해 보세요.

| 들어가는 글 |

"스타벅스 이야기는 어느 면으로 보나 '허황된 상상'의 전형이었다. 상장되었을 당시 (…) 회사는 시애틀과 그에 이웃한 주에 165개 매장을 확보하고 있을 뿐이었다. (…)"

_코라 대니얼스, '미스터커피: 4.75달러의 프라푸치노로 500대 기업을 만든 남자'. <포춘(Fortune)>, 2003년 4월 14일.

"스타벅스는 1992년 6월에 나스닥에 상장했다. 상장 첫날의 스타벅스 주식 거래는 시초가 17달러에서 종가 21.5달러인 상승세로 마감되었다. (…)"

_사무엘 그린가드, '스톡옵션은 스스로 변한다', <직원경영(Workforce Management)>, vol. 78, no. 12(1999), pp, 44~47.

"우리는 회사 안의 모든 이들과 함께 성공을 일구며, 절대로 우리 사람을 버리는 법이 없다. 이러한 방식이야말로 비즈니스를 올바르게 구축하는 훌륭한 예다."

_조프 커비슨 '하워드 슐츠, 당신은 평범한 사람이 아닙니다', Brandcareers-Profile, <브랜드채널닷컴(www.brandchannel.com)>, 2004년 8월 30일.

"휴이트 어소시에이츠(Hewitt Associates)에서 조사한 스타벅스 파트너 조사 보고서에 따르면, 스타벅스 직원의 직무만족도는 82퍼센트에 달한다. (…)"

_메리안 해머스, '직원을 기쁘게 하면 수익이 쏟아진다', 직원경영(Workforce Management), 2003년 10월 1일.

"세계 최고의 커피 전문 브랜드, 로스터, 소매기업"은 모든 스타벅스 보도자료에 포함된 문구의 일부다.

"스타벅스의 성공은 (…) 우리가 고객들과 감정적인 연결고리를 구축했다는 증거다."

_커비슨, '하워드 슐츠'; 언론홍보팀 라라 와이즈에 의해 약간의 수정을 거침.

"(…) 한쪽 구석에 걸린 게시판을 보았다. 그건 고객이 보라고 있는 게 아닌듯했다. 그 게시판에는 직원들 사진이 빼곡하게 붙어 있었다. (…)"

_세스 고딘, '안과 밖', Http://sethgodin.typepad.com/seths_blog, 2005년 7월 20일, 문맥상 읽기 쉽도록 저자에 의해 약간의 수정을 거침.

"크게 성장하면서도 초심을 잃지 말라"

_성장 중의 도전에 대한 하워드 슐츠의 답변 중에서;
스타벅스 글로벌 브랜드 커뮤니케이션의 크리스 골리가 전함.

제 1 장 | 자신의 것으로 만들라.

"진정으로 스타벅스가 신봉하는 핵심 철학의 정수를 담았다. 단 5분이면 앞표지부터 뒤
표지까지 전부 읽을 수 있다. (…) 그것도 커피를 들이키기 위해 멈추는 시간을 포함한
것이다."

_데이비드 M. 마틴, '은행노트: 커피타임에 오신 걸 환영합니다',
<뱅크스톡스닷컴 (www.barkstocks.com)>, 2005년 11월 29일.

"자잘한 세부사항과 딱딱한 지시를 열거하여 직원들을 질리게 하지 않는다. 여기에는
회사가 창조하고자 하는 환경과 고객을 위한 전설적인 서비스 원리가 있다."

_데이비드 M. 마틴, '은행노트'.

"당사자에게는 자신의 이름이 그 어떤 것보다도 기분 좋고 중요한 말임을 명심하라."

_데일 카네기, 《카네기 인간관계론(How to Win Friends and Influence People)》,
(New York: Simon & Schuster, 1964)

"우리는 사람에게 서빙하는 커피 비즈니스가 아니라 커피를 서빙하는 사람 비즈니스에
종사하고 있다."

_하워드 슐츠 인터뷰, '충성고객 창조의 기술', <노우(Know™)>, 2005년 봄.

미국 본사 직영 매장에서 사용하는 에너지의 5퍼센트를 풍력에너지로 교체하여 이산화
탄소 배출을 2퍼센트 감소시킨다는 정보는 2005년 4월 15일자 <시애틀 포스트-인텔리
전서(Seattle Post-Intelligencer)> 지에 실린 크리스틴 밀레어 볼트의 '스타벅스, 풍력에
너지의 문을 두드리다'에서 발췌하였다.

"생수 브랜드인 에토스 워터 사업의 일환으로 향후 5년 동안 개발도상국에 1천만 달러를

기부하는 워터 프로젝트를 진행하고 있다"는 내용은 www.ethoswater.com의 2005년 3월 뉴스에 기록되어 있다.

"지갑을 열어보니 잔돈이 꽤 있었어요. 직원들 수만큼 복권을 살 수 있을 정도였죠. 우리는 (…)"

_AP통신, '캘리포니아 스타벅스 직원 13명, 8천 7백만 달러의 대박을 나누다', CNN.com, 2000년 10월 25일.

"우리는 스타벅스에서 팀으로 일합니다. 우리는 서로를 배려하지요. 제가 당첨금을 모두 가진다면 (…) 할 수 없을 겁니다."

_CNN 앵커 나탈리 알렌과 CNN 앵커 로우 월터스,
'복권 당첨금 8천 7백만 달러에 관한 스타벅스 점장 메리 샴페인의 이야기', <CNN 투데이(CNN Today)>,
2000년 10월 25일 방송.

"사람들은 자신보다 더 큰 무언가의 일부가 되고 싶어 한다. 그들은 자신의 마음을 감동시키는 무언가의 일부가 되기를 원한다."

_하워드 슐츠 인터뷰, '충성고객 창조의 기술'.

제 2 장 | 모든 것이 중요하다.

"소매업은 디테일이다(Retail is detail)."

_하워드 슐츠의 어록 중에서; 스타벅스 글로벌 브랜드 커뮤니케이션의 크리스 골리가 전함.

"스타벅스 열풍은 제품의 품질뿐 아니라 커피 구매를 둘러싼 전체적인 분위기로 인한 것이다."

_'스타벅스: 평범한 커피 잔이 눈에 보이면', <@이슈(@ issue)>, 기업 디자인 재단 Vol.1, no. 1.

"체감(felt sense)"

_유진 젠 들린 박사, 《의미의 경험과 창조(Experiencing and Creation of Meanin)》,
(New York: Free Press of Glencoe, 1962).

"스타벅스의 경영진은 각각의 매장을 회사의 간판이자 회사 브랜드와 이미지를 구축하는 데 기여하는 존재로 본다. 매장의 분위기를 강화하기 위해 (…)"

_아서 A. 톰슨 주니어와 A. J. (로니) 스트릭랜드,
《전략경영(Strategic Management Concept and Cases)》,
11 th ed., (New York: McGraw-Hill, 2003).

"2년 이상 여러 견본을 개발하고 테스트했으나, 최종 결과물이 (…) 확신을 얻지 못했다."

_스타벅스 커피·환경 연맹 합작 테스크 포스 팀 보고서, 2000년 4월 15일.

음료 컵에 재활용 재질을 10퍼센트 사용한다는 정보는 스타벅스 보도자료에서 발췌하였다. '스타벅스는 2005년 CSR 연례보고서에 실린 사업을 통하여 사회적 책임에 관한 약속을 시행한다.', 2006년 2월 8일.

제 3 장 | 놀래고 기쁘게 하라.

크래커 잭에 관한 정보는 크래커 잭 웹사이트인 www.crackerjack.com에서 발췌하였다.

"매장이 보이기 시작하는데, 뭔가 단단히 잘못됐다는 걸 알았어요. 간판에 아직 불이 안 들어와 있었고, 매장 안도 깜깜했죠. 저는 차를 세우고 (…)"

_마이클 케이지, '스타벅스가 승리하는 이유 & 그들로부터 배울 점'.
<마케팅과 기업가정신(www.entrepreneurslife.com)>,
2005년 6월 14일, 문맥상 읽기 쉽도록 저자에 의해 약간의 수정을 거침.

"비고객(noncustomers)"

_피터 F. 드러커. 《한 권으로 읽는 드러커 60년의 정수(The Essential Drucker)》,
(New York: Harper Business, 2003).

베르나디트 로빈슨의 깜짝 이벤트에 관한 정보는 www.oprah.com(2004년 11월 30일자)에서 찾아 볼 수 있다.

제 4 장 | 저항을 포용하라.

"지금까지 내가 가장 좋아하던 스타벅스의 특징이 점점 사라지고 있다. 그 특징은 바로 '일관성'이다. 얼마 전까지만 해도 (…)"

_데이비드 M. 마틴, '은행노트: 잠에서 깨어 라떼의 향기를 맡아보세요'.
<뱅크스톡스닷컴(www.bankstocks.com)>, 2005년 4월 18일.

"이 사례로부터 우리 모두가 인식해야 할 점은 난공불락의 명성을 가진 (언제나 승승장 구하는) 브랜드란 없다는 점이다. 한때 금융계에서, (…)"

_데이비드 M. 마틴, '은행노트: 잠에서 깨어…'.

"칼럼이 발표되고 며칠 후, 공항에서 내 응답기 메시지를 확인하다 주의를 끄는 메시지 를 하나 발견했다."

_데이비드 M. 마틴, '은행노트: 커피타임에 오신 걸 환영합니다',
<뱅크스톡스닷컴(www.bankstocks.com)>, 2005년 11월 29일.

"일련의 경험을 통해 나는 다음의 것들에 대해 더욱 명확히 인식하게 되었다."

_데이비드 M. 마틴, '은행노트: 커피타임…'.

"거대한 시애틀의 커피체인점이 유명해지기 시작하면서부터 (…)"

_스테파니 샐터, '스타벅스 주문: 라떼 한 잔과 소음 한 접시',
<테레 호트 트리뷴-스타(Terre Haute Tribune-Star)>, 2005년 4월 30일.

"주요 상품이 품질과 원칙을 준수하는 한, 다른 부분들은 지역 시장의 요구를 받아들일 수 있다."

_존 시먼스 '스타벅스, 최고의원두', <브랜드채널닷컴(brandchannel.com)>, 2005년 11월 2일.

"서구 브랜드에 점점 자주 노출되면서 젊고 유행에 민감하며 경제적 여유가 있는 사람 들이 스타벅스를 성공·사회적 신분·부를 상징하는 브랜드로 인식하기 시작했다."

_모니카 소토 소우치, '미국의 아이콘, 중국인의 잔에 커피를 채우다',
<시애틀 타임스(Seattle Times)>, 2005년 10월 9일.

"중국의 교육환경을 지원한다는 스타벅스의 결정 소식을 듣고, 저는 감동받았습니다. 중국인의 한 사람으로서, (…) 깊은 감사를 표합니다."

_스타벅스 보도자료, '스타벅스가 중국의 교육지원 프로그램에 5백만 달러를 기부합니다', 2005년 9월 19일.

"뜨거운 물에 네스카페를 넣고 젓고 5분간 즐기는 게 커피다. 대부분의 사람들은 커피를 원두로 만드는 사실도 모른다."

_지니 파커, AP통신, '스타벅스, 아시아의 취향을 차에서 라떼로 바꾸다',
<르노 가제트 저널(Reno Gazette-Journal)>, 2000년 5월 30일.

"일본의 커피문화는 뿌리 깊이 박혀 있다. (…) 사방에 캔 커피 자판기가 널려 있고, 사람들은 자판기 주위에 모여 (…)"

_파커, '스타벅스, 아시아의 취향을…'.

"시애틀도, 샌프란시스코도, 뉴욕도 아닌 도쿄 도심 한복판에 있는 매장이다, (…) 스타벅스는 (…)"

_파커, '스타벅스, 아시아의 취향을…'.

"예전에는 커피에 대한 열정만 있으면 커피하우스를 열 수 있었다. 그들에게 비즈니스 마인드는 꼭 필요한 게 아니었다. 그러다 (…)", "스타벅스 매장이 두 개, 다른 커피체인의 매장 하나, 그리고 개인 소유의 커피하우스 두 곳이 있다. 다섯 매장 모두 매우 번창하고 있으며, 개인 커피하우스 중 한곳은 스타벅스 매장이 오픈한 후 매출이 40퍼센트나 급증했다. 그 이유는 [사업 소유주가] (…) 재고관리와 직원교육에 집중했기 때문이다", "스타벅스는 34~37퍼센트의 시장 점유율을 보유하고 있다. (…) 개인 사업주들은 꾸준히 51퍼센트 수준을 유지하고 있다. 아무리 많은 스타벅스 매장이 문을 연다 해도, 개인 사업주들은 타격을 입지 않는다. 이는 개인 커피숍도 [거기에] 있어서 선택의 여지를 넓혀야 한다는, 고객의 요구가 반영된 것으로 보인다."

_케이시 제트, '커피충돌: 월요일에 터진다. 스타벅스 접전',
<프레데릭스버그(버지니아) 프리랜스-스타(Fredericksberg(Virginia) Freelance-Star)>, 2005년 12월 1일.

"음악계에서 가장 큰 힘을 발휘하는 이름은 어느 유명 레코드사도, 힘있는 업계 임원도,

유명 밴드도 아니다. 사실 그것은 음악 관련 기업에도 속하지 않는다. (…)"

_마이클 Y. 파크, '벤티 라떼와 CD 한 장 주세요', <폭스뉴스닷컴(www.foxnews.com)>, 2006년 1월 4일.

"우리는 샨티코 음료를 실패로 보지 않는다. 우리의 고객으로부터 배운 것을 토대로 향후 모두가 열광할 초콜릿 음료를 제공할 발판이라고 생각한다.

_라라 와이즈, 스타벅스 언론홍보부.

"부디 이 메일을 아는 사람 모두에게 전달해주셨으면 합니다. 되도록 많은 사람에게 알려져야 하는 일입니다. 우리 해군은 (…)"을 비롯한 관련 인용문들.

_'스타벅스와 이라크', <진실혹은거짓닷컴(www.truthorfiction.com)>.

"우리 가족은 뉴욕 브룩클린에서 앰뷸런스 서비스를 운영하고 있습니다. (…) 삼촌은 공격 당시 희생자들을 돕기 위해 '제로지점'에 계셨습니다. (…)"

_'제로지점의 스타벅스 생수', <진실혹은거짓닷컴(www.truthorfiction.com)>,
'스타벅스 생수 사태에 대한 사과문', <폭스뉴스닷컴(www.foxnews.com)>.

코끼리의 이동경로와 엘리펀트 킨지아에 관한 정보는 스타벅스 보도자료에서 발췌하였다. '통과: 엘리펀트 킨지아 커피는 스타벅스로 왔습니다. 이국적인 풍미와 특별한 재배기술이 결합된 여섯 번째 블랙에이프런 독점 공급 커피!', 2005년 5월 2일.

제 5 장 | 기업의 자취를 남겨라.

설문조사 결과에 관한 정보의 출처는 다양하다. 댄 킬러, '사랑을 전파하고 그에 대한 비용을 지불하라', <글로벌 파이낸스(Global Finance)>, 2002년 5월. 안드레아 D. 맥콤, '변혁을 이끌다', <사반나 아침뉴스(Sabanna Morning)>, 1998년 12월 27일. 앨리스테어 C. 핑, '지역사회 활동이 비즈니스에 이로운 이유', <인사이트워크(www.insight-works.com)>, 1996년 3월.

"어떤 회사가 주주에 대한 의무를 진지하게 받아들일 때, 그 회사는 사회적 책임을 다하는 셈이다."

_댄 키퍼, '사랑을 전파하고 그에 대한 비용을 지불하라', <글로벌 파이낸스(Global Finance)>, 2005년 5월.

스타벅스 재단이 점프스타트에게 150만 달러를 기부한 사례에 관한 정보는 스타벅스 보도자료에서 발췌하였다. '스타벅스는 문맹퇴치를 위해 150만 달러를 점프스타트에 기부했다; 아리조나 주립대학교의 러닝 페스티벌에서 점프 스타트와 스타벅스가 함께 기념식을 거행했다', 2005년 4월 28일.

"감사합니다… 당신들은 진정 우리 사회에 커피 이상의 것을 전해주고 있습니다."

_전면광고, <샌프란시스코 크로니클(SanFrancisco Cronicle)>, 2004년 8월 20일.

"이곳에서 배운 훌륭한 기술과 태도, 작업습관이 그들을 미래의 일꾼에 적합한 인재로 만들어줄 것입니다."

_'스타벅스, 싱가포르의 자폐청소년에게 기술을 가르치는 매장 오픈',
<차이나뷰(www.chinaview.cn)>, 2006년 1월 20일.

피낭의 무료 소아과 병원에 관한 정보는 www.Starbucks.com.my에서 발췌하였다. 태국 푸켓의 파트너와 쓰나미에 관한 정보는 스타벅스 보도자료에서 발췌하였다. '스타벅스가 동남아시아 구제노력에 10만 달러를 기부한다', 2004년 12월 29일.

| 마치며 |

"(…) 차가운 밤거리에서 내 차문을 열고 (…)"

_하워드 슐츠 인터뷰, '미스터 스타벅스: 하워드 슐츠 회장, 현재가 브랜드 구축에 가장 어려운 시기라고 밝혀',
<콘텍스트(www.contextmag.com)>, 2001년 8월.

"9회 게임의 2회"와 관련 인용구들

_앤디 서위와 케이트 보나미치, '뜨거운 스타벅스를 테이크아웃하다',
<포춘(Fortune)>, 2004년 1월 26일, 스타벅스 언론홍보부 라라 와이즈와의 대화에서도 언급되었음.

책에 담긴 내용의 대부분은 다음의 스타벅스 관계자들과 직접 만나 인터뷰한 내용에서 가져왔다.

-제니퍼 에임스커먼, 고객서비스 운영 및 고객관리부문 이사
-마틴 콜스, 스타벅스커피 최고운영책임자
-짐 도널드, 회장 겸 CEO
-더브 헤이, 글로벌 커피 조달부문 수석부사장
-켄 롬바드, 수석부사장 겸 스타벅스 엔터테인먼트 사장
-카를로스 마리아 로드리게스 커피구매부 이사
-수 메클렌버그, 기획부문 부사장
-로렌 무어, 지역사회 관계 및 기부 부서 이사
-데이브 올슨, 기업문화와 리더십 개발부문 수석부사장
-벤 팩커드, 환경부문 이사
-메이 스노우덴, 글로벌 다양성 부서 부사장
-브래드 스티븐스 마케팅부문 부사장
-샌드라 테일러, CSR(기업의 사회적 책임)부문 수석부사장
-피터 토레비아르떼 코스타리카 농가지원센터 총괄

위에 언급한 사람들 외에도, 스타벅스의 수많은 이사들과 리더들이 미팅과 전화 인터뷰, 그리고 여러 가지 형태의 지원을 통하여 이 책에 참여해주었다. 여기 그 명단이 있다.

하워드 슐츠, 짐 앨링, 칼라 아르캄볼트, 폴 보드먼, 테시 버크, 디나 캠피온, 케빈 캐로더스, 오딜리아 다라몽귀에펭, 짐 딜로이, 앤 어윙, 레니 프리트, 오몰로 가야, 크리스 골리, 크리스티나 하트, 히로미츠 하타, 네리다 헤르난데즈, 다이 이치가와, 그렉 존슨, 티모시 존스, 애니트 킹, 킴벌리 켈리, 제럴드 카일, 리사 레나한, 카렌 마호니, 리앤 메사, 시바 오리코, 낸시 포즈노프, 캐시 랙스데일, 데이비드 실도르프, 재닌 시몬스, 오린 스미스, 리치 소더버그, 조 소렌슨, 셸리 테일러, 에이미 팅글러, 홀리 밴더냅, 톰 월터스, 라라 와이즈

감사의 글을 시작하며 콜로라도 주 콜로라도 스프링스의 가든 오브 갓스 로드(Garden of the Gods Road)에 위치한 '나의 스타벅스' 에 대한 감사부터 표하는 것이 적절할 것 같다. 그곳의 점장인 미 치 디셀코엔과 그의 팀원들은 나를 위해 지속적으로 '스타벅스 경 험'을 만들고 있었다. 내가 즐겨 마시는 벤티 사이즈의 저지방 라떼 는 지구 반대편 어디에선가 커피를 수확하는 농부들을 포함하여 이름도 모르는 수많은 이들의 노력으로 일구어낸 결과물이다. 이와 마찬가지로 이 책 역시 표지에 그 이름을 다 표시하지는 못했으나 재능 있고 열정적인 수많은 이들이 함께 만들어낸 작품이다.

이 책은 내가 스타벅스 고객카드의 뒷면에 적힌 고객 상담실 번 호로 전화를 걸며 시작된 이래 거의 2년에 걸쳐 여러 사람들과의 협동적 노력 끝에 나오게 되었다. 약간의 노력과 인내 끝에, 그 번 호는 인물 자체가 선하고 올바른 스타벅스라 할 수 있는 글로벌 브 랜드 커뮤니케이션 부서의 크리스 골리와 나를 연결시켜주었다. 그 녀와의 인연은 그렇게 시작되었고, 이 책은 그 후 2년간 그녀와 함 께한 공동노력의 성과물이라 할 수 있다. 크리스는 이 프로젝트에 열과 성을 다하였다. 그녀는 스타벅스의 사장이자 CEO 짐 도널드부터 지금 내가 앉아 있는 매장의 바리스타까지 모든 직급의 사람들과 만날 수 있는 기회를 만들어주었다. 회사에 대한 그녀의 진심에서 우러나오는 존경심은 그녀의 친절과 능력, 인내와 너무도 조화를 잘 이루고 있다.

이러한 과정을 거치면서 크리스는 또 다른 훌륭한 스타벅스 파트너인 홍보부의 케빈 캐로더스와 켈리 셰퍼드와 팀을 이루었고, 그들은 이 작업에 자신의 재능과 통찰력을 제공해주었다. 크리스는 작업 초기부터 언론홍보부의 라라 와이스와 밀접하게 일했다. 라라와 글로벌 커피 구매부의 수석부사장인 더브 헤이, 코스타리카의 스타벅스 농가 지원센터의 팀원 모두는 나에게 산호세 근처의 산속 커피농장에서 '스타벅스 경험'을 할 수 있도록 지원을 아끼지 않았다. 라라의 에너지와 상냥함과 유머감각은 조사와 저술 과정의 일부가 되었다. 스타벅스가 어떻게 오늘날과 같은 글로벌 기업으로 성장할 수 있었는지 알고 싶다면 크리스와 라라를 만나보면 된다.

이 책의 참고문헌 끝에는 고맙게도 나에게 시간을 할애해준 스타벅스 고위간부들의 목록이 포함되었다. 비즈니스 성공에 관한 비범한 통찰력을 나누어준 그들 모두에게 감사의 마음을 표한다. 이 책을 위해 여러 연락처와 이야깃거리를 확보하는 데는 수많은 스타벅스 매니저들의 도움이 있었다. 그들 모두의 이야기가 실리지는 않았지만, 그들의 영향력은 매우 대단했다. 테시 버크, 애니트 킹, 애니트가 연락 한 CUP(Caring Unites Partners, 미국 스타벅스의 파트너

지원 프로그램-옮긴이) 펀드 관계자들이 이 그룹에 속한다. 이 책에 필요한 정보를 제공해주었던 수백 명의 고객과 파트너의 이름을 참고문헌에 모두 싣지는 못했다. 지면의 한계 때문에 내가 들었던 이야기의 극히 일부만을 실을 수밖에 없었다. 아직도 많이 남아 있는 강렬한 경험담들을 언젠가 또 한 번 책으로 쓸 날이 오기를 기대해본다.

덧붙여, 나에게 자신들의 조직을 위한 코칭, 컨설팅 서비스, 프로그램 등을 맡겨준 여러 CEO와 비즈니스 리더들, 특히 드와이트 가우디트, 폴 프로티, 로브 그라프, 데이비드 후드에게 감사한다. 그리고 현명하고 성실한 조언과 지원으로 큰 도움을 주었던 테리 폴슨 박사에게도 진심어린 감사를 전한다.

개인적으로도 감사함을 전할 사람들이 너무나 많다. 늘 그렇듯이 몇몇 이름을 놓치고 말겠지만, 그들의 도움은 하나하나 모두 기억하고 있다. 이 작업의 첫걸음을 떼면서부터 수많은 이들에게 마음의 빚을 지게 되었다. 이 책에 관한 초창기 아이디어를 함께 논했던 패트 번스타인 박사, 나의 전(前) 개인비서였던 미미 콘웰, 초기 조사담당자인 메리 피어스. 내 출판 에이전트인 마사 주이트도 빠뜨릴 수 없다. 그녀는 이 책을 맡아 출판사로의 판매까지 이어지게 도와준 주역이자, 나의 상담가, 치어리더, 충실한 비평가, 친구이기도 했다. 위기의 순간이 올 때마다 마사의 목소리가 용기를 북돋아주었다. 마사는 나의 유능한 출판변호사 로이드 리치와 한 팀이 되어 모든 법적인 문제를 꼼꼼히 살펴보고 확실히 매듭지어 주었다. 출판사의 도냐 디커슨과 제프리 크램스는 어떠한 편집자도 할 수 없는 일을 완벽하게 해냈다. 이 책의 모양을 잡아주었을 뿐만 아니라, 내가 가장 원했던 방식 그대로 시장을 정면 돌파할 수 있도록 감독해주었다. 그들은 시기적절하고도 통찰력 있는 의견을 제시하여 이 원고를 한 단계 높은 수준으로 끌어 올렸다.

일일이 셀 수 없을 만큼 많은 사람들이 원고를 반복하여 읽고 최종 작품이 되기까지 여러 모로 일조했다. 특히 노라 미첼리, 하이디 뉴먼, 주디 스탠프나겔, 주디 드리스, 앨리스 매닝, 루스 매니노에게 감사한다. 앤소니 랜디, 테리 무어, 헤더 샘스의 번뜩이는 천재성도 그냥 지나칠 수 없다. 잭 헤프런의 '리더스 가이드'는 좋은 아이디어를 학습의 기회로 전환시키는 그의 비범한 재능을 반영한다. 그에게 감사한 마음을 전한다.

사실 이 책의 저자는 두 명이다. 린 스탠프나겔의 열정과 생명력이 함께 해주었다. 나의 비서이자 매니저인 린은 수많은 인터뷰와 조사, 편집, 교정, 재집필, 취합, 눈물과 사랑으로 이 책을 완성시켰다. 그녀가 없었다면 이 책은 기껏해야 팸플릿에 지나지 않았을 것이다. 그녀와 함께 글을 쓸 수 있게 되어 영광이다.

언제나 그렇듯이, 친구들과 가족의 사랑과 지원이 없었다면 이 책을 쓸 수 없었을 것이다. 지금껏 수많은 단어를 끼적이며 글을 써왔지만, 신이 주신 엄청난 재능에 대하여 감사의 마음을 표현할

방법은 도무지 찾지 못했다. 노라, 우린 참으로 오랜 시간을 함께
했지요! 가족들을 대신해 당신의 한없이 헌신적인 노력에 감사의
인사를 드립니다. 우리가 함께한 오랜 시간 동안 당신이 나누어준
마음에 나의 가장 깊고 진실한 감사를 드립니다. 피오나와 앤드류,
이제 아빠는 컴퓨터를 끄고 집으로 가려는 참이란다. 그런데 그 전
에 해야 할 일이 있다. 커피 잔을 높이 들고, 이 책의 탄생에 일조
한 모든 이들에게 감사를 전하며 건배!

언제나 많은 사람들로 붐비는 런던 히드로공항 내의 스타벅스 매장
바쁘게 돌아가는 공항에서 유일하게 평화로운 안락함이 느껴지는 곳이다.

스타벅스 경험 마케팅

세계 최고 커피 브랜드의 경험 전략

1 판 4 쇄   **2020년 8월 10일**
출 간 일   **2018년 2월 1일**
발 행 처   **유엑스리뷰**
발 행 인   **현명기**
지 은 이   **조셉 미첼리**
옮 긴 이   **범어디자인연구소**
주   소   **서울시 강남구 테헤란로 146 현익빌딩 13층**
팩   스   **070.8224.4322**
이 메 일   **uxreviewkorea@gmail.com**

ISBN **979-11-88314-01-0**

THE STARBUCKS EXPERIENCE